삼위일체
기본 영문법

삼위일체
기본 영문법

Threefold Basic English Grammar

황기동 지음

어문학사

서문

이 책은 시험을 대비하기 위해서가 아니라, 종합적인 기본 영어 능력을 확립해주기 위한 목적으로 저술되었다.

오늘날 각종 시험을 대비하기 위한 영어 문제집이 범람하고 있지만, 영어에 대한 근본적인 이해 능력을 향상시켜주는 책은 매우 적다. 따라서 학습자는 문제 푸는 기법은 늘었지만, 영어에 대한 기본 지식과 개념이 확립되어 있지 않기 때문에 영어 실력은 투자한 시간에 비해 실망스러운 수준이다. 실제 상당수의 학습자는 토익, 토플, 공무원 시험, 입사 시험, 회화 시험, 영어 에세이 등 시험 종류에 따라 다양한 문제집을 학습하였지만, 자연스러운 읽기나 일상생활에서의 회화도 제대로 못 하는 경우가 빈번하다. 영어의 기본 원리는 간단한데 각종 시험에 따라 별개의 영어와 영어 학습법이 있는 것처럼 인식하고 암기하는, 뿌리는 없고 가지만 무성한 영어에 중점을 두었기 때문이다.

이 책은 영어의 기본 원리를 체계적으로 설명하기 위해 만들었다. 본 교재를 학습한다면 여러분의 영어에 대한 기본적인 지식은 어느 정도 확립될 것이며, 그 결과 회화뿐만 아니라 각종 시험에도 자연스럽게 대비할 수 있는 영어 능력을 갖추게 될 것이다.

이 책의 특징은 다음과 같다.

첫째, 내용의 신뢰도를 높이기 위해서 현대 영문법의 표준이 되는 Quirk et al(1985)의 종합영문법, 'A Comprehensive Grammar of the English Language'를 기준으로 하였다. 그리고 그 외 현대 영문법에 대한 권위 있는 저서에서 문장을 인용하여 알기 쉽게 정리하였다.

둘째, 한 권으로 문법, 어휘, 읽기에 대한 종합적인 기본 영어 능력을 배양할 수 있도록 하였다. 실제, 이 세 가지는 영어 문장의 이해와 활용에 동시에 작용하며, 별개로 학습하는 것이 아니다.

셋째, 각 장의 마지막에는 예제와 연습문제를 통하여 학습 내용에 대한 이해를 돕고, 심화할 수 있도록 구성하였다.

넷째, 이 책은 영어의 기본이 무엇인지에 대해 저자가 나름대로 해설해 놓은 책이다. 이 한 권에 포함된 내용을 충분히 이해하면 영어의 기본 능력을 갖출 뿐 아니라, 생활 영어에도 많은 도움이 될 것이다.

끝으로, 이 책은 기본 영어 능력을 배양하기 위한 참고서이지만, 고급 영어 능력을 가진 사람도 한 번쯤 읽어 보면 도움이 될 것이다. 영어에 초급과 고급은 임의적인 분류에 불과하며, 개개인에 따라 차이가 있다.

본 자료가 여러분의 영어에 대한 기본을 확립하고, 지속적으로 영어 능력을 향상하는데 조금이나마 도움이 되기를 기대한다.

2015년 겨울
고출봉 아래에서
황기동

CONTENTS

PART
1

단어

01 철자

영어 철자는 16세기경에 완성되어 현재까지 사용되고 있으며 26자를 기준으로 한다. 이 중에서 'a, e, i, o, u' 다섯 자가 모음이고, 나머지 21자는 자음이다. 그리고 모든 단어는 반드시 모음을 포함하고 있다. 역사적으로 철자와 발음의 변화 과정이 다르고, 다양한 언어가 차입됨에 따라 오늘날의 영어는 철자와 발음이 일치하지 않는다.

영어 단어는 대개 소문자를 사용하지만 다음과 같은 경우에는 대문자를 사용한다.

1.1. 대문자의 용법

❶ 문장의 처음은 대문자로 시작한다.

Every word is useful. (모든 단어는 유용하다.)

❷ 고유명사와 고유명사의 형용사형은 대문자로 시작한다.

Seoul, China, Chinese, Dr. Kim, the Pacific Ocean

❸ 요일, 달, 기념일은 대문자를 쓴다.

Sunday, July, Mother's Day

❹ 동서남북(east, west, south, north)이 지역을 나타내면 대문자로, 방향을 나타내면 소문자로 쓴다.

The South is warmer than the West.

(남부가 서부보다 더 따뜻하다.)

Busan is south of Seoul. (부산은 서울의 남쪽에 있다.)

❺ 고유명사의 약어는 대문자를 사용한다.

UN, NATO, NASA, UNESCO

❻ 인명 앞의 직책은 대문자를 쓴다.

Prime Minister Hong Kildong was a scientist.

(국무총리 홍길동은 과학자였다.)

❼ 인용문의 첫 글자는 대문자로 시작한다.

The President's answer was, "No comment."

(대통령의 대답은 "무응답."이었다.)

 EXERCISE 다음 문장을 철자법에 맞게 고치시오.

the american businessman, bill gates, founded microsoft on april 4, 1975.

_____

_____

Answer The American businessman, Bill Gates, founded Microsoft on April 4, 1975.

철자를 결합하여 단어를 만들고 단어를 결합하여 문장을 만든다. 그리고 문장 안에서 단어는 띄어 써야 한다. 특히 유사한 단어는 반드시 의미에 맞게 띄어 써야 한다. 다음 몇 가지 단어는 혼동하기 쉬우므로 띄어쓰기에 유의해야 한다.

a. everyday(형용사; 매일의)와 every day(부사구; 매일)

Going to work is just part of everyday life.

(직장에 가는 것은 단지 매일의 생활의 일부다.)

He goes to work by bus every day.

(그는 매일 버스로 직장에 간다.)

b. any way(명사구; 어떤 방식이든[by any method])와 anyway(부사; 여하튼[anyhow, despite something])

We should help the refugees in any way possible.

(우리는 가능한 방법으로 난민을 도와야 한다.)

Can I help you in any way?

(어떤 방식으로 너를 도울 수 있니?)

I don't need any help. But thanks anyway.

(도와줄 필요 없어. 그러나 여하튼 고마워.)

c. everyone(부정대명사; 모든 사람들[all the people])과 every one(명사구; 각각 모두[each and all of them])

Everyone wants success.

(모든 사람은 성공하기를 바란다.)

I'll try every one of the dishes.

(그 요리를 하나하나 시식해 볼 것이다.)

d. all ready(형용사구; 모두 준비가 된[all prepared])와 already(부사; 이미[before the given time])

The children were all ready for the picnic.

(아이들은 모두 소풍을 갈 준비가 되어 있다.)

(= All of the children were prepared for the picnic.)

They had already gone when we arrived.

(우리가 도착했을 때 그들은 이미 가버렸다.)

(= They had gone before we arrived.)

e. all right(형용사구; 상태가 좋은, 만족한[in good condition, satisfactory, acceptable])는 미국 영어에서는 속어로 간단히 alright으로 쓰기도 한다.

All she's worried about is whether he is all right.

(그녀가 걱정하는 것은 그의 건강에 대한 것이다.)

f. all together(부사구; 모두 함께[united with each other])와 altogether(부사; 완전히, 전혀[completely, totally, entirely])

The children were all together in the room.

(아이들은 모두 함께 그 방에 있었다.)

His tour may have to be cancelled altogether.
(그의 여행은 완전히 취소되어야 할지도 모른다.)
He was an altogether different type.
(그는 전혀 다른 유형이었다.)

또한 단어 간에도 띄어쓰기와 문장부호에 따라 의미가 달라질 수 있다. 다음 예문을 보자.

I want a man who knows what love is all about you are generous and kind.

위의 문장 자체로는 해석이 불분명하다. 실제로 띄어 쓰면 다음 두 가지 해석이 가능하다.

I want a man who knows what love is all about. You are generous and kind.
(나는 사랑이 오로지 무엇인지 아는 남자를 원합니다. 당신은 관대하고 친절합니다.)

I want a man who knows what love is. All about you are generous and kind.
(나는 사랑이 무엇인지 아는 남자를 원합니다. 당신 주위의 모두가 관대하고 친절합니다.)

이와 같이 문장 간에도 띄어쓰기를 하지 않으면 정확한 해석을 할 수 없는 것이다.

EXERCISE 다음 문장을 문법에 맞게 띄우시오.

1) Iusuallygetupat5.
2) Smoothseasdonotmakeskillfulsailors.

1) _____

2) _____

연습문제

1 다음 단어에 공통으로 들어가는 철자를 쓰시오.

> **ex** _econd, _ee, _low, _tudy, _mile   정답: s

1) _alk, al_ays, _ide, _arm, _ork

2) _ee, _read, _lack, har_or, ha_it

3) _ee, _mell, li_ten, _peak, in_tance

2 다음 철자를 배열하여 단어를 만드시오.

> **ex** nope   정답: open

1) ese   2) voler   3) ephl

3 괄호 속의 뒤섞인 철자(scrambled letters)를 바르게 배열하여 밑줄 친 단어의 동의어를 쓰시오.

> **ex** He's a fast worker. (kuqic)   정답: quick

1) Do you have a spare umbrella in the house? (tearx)

2) Pass me the salt, please. (dahn)

3) Minsu: Can I borrow your book one more day?

    Kisu: Yes, I won't need it until next week. (rues)

4 괄호 속의 뒤섞인 철자(scrambled letters)를 바르게 나열하여 밑줄 친 단어의 반의어를 쓰시오.

ex Kim's belt is <u>tight</u>. His shoes are very (slooe).   정답: loose

1) They <u>lowered</u> the windows before they left. It's very hot in here.

   We need to (asrei) the windows.

2) He eats his food <u>slowly</u>.

   He can work math problems (ucilyqk).

3) <u>Put on</u> your hat when you go outside.

   We have to (mevore) our hats before we enter the class.

5 다음은 미국 영어에서 사용되는 구어(spoken English)를 일상적으로 소리나는 대로 적었다. 밑줄 친 부분을 공식적인 철자로 바꾸시오.

ex Get <u>adda</u> here. I'm <u>adda</u> money.   정답: out of

1) I'll call <u>ya</u>. See <u>ya</u>.

2) <u>Yeah</u>, it's nice. <u>Yup</u>, I did it.

3) <u>Nope</u>. I didn't say that.

4) <u>Gimme</u> a call. Can you <u>gimme</u> a minute?

5) <u>Lemme</u> do it. <u>Lemme</u> help you.

6) <u>Wanna</u> go out? What do you <u>wanna</u> do?

02 발음

외국어 습득의 출발점은 단어를 정확하게 발음하는 것이다. 영어 단어의 발음은 자음과 모음의 결합으로 이루어진다. 영어의 자음과 모음의 발음 방식과 위치를 살펴보기로 한다.

2.1. 모음

영어의 다섯 개 모음은 12가지('a'를 중설모음 'ɑ'와 후설모음 'a'로 구분할 경우에는 13가지)로 발음된다. 이 발음을 국제 음성 기호(international phonetic alphabet; IPA)를 기준으로 발음 기호와 위치를 표시하면 다음과 같다.

혀의 위치	허 앞	허 중앙	허 뒤
위쪽	i [i:] ɪ [i] (이)		u [u:] ʊ [u] (우)
중앙	e (에) ɛ (애)	ə (으) ʌ	o (오) ɔ
아래	æ	a (아)	

cf. [ ]속의 발음기호는 영국 음성학자 다니엘 존스(Daniel Jones, 1881~1967)의 표기법으로 현재 우리나라 대부분의 사전에서 사

용되고 있다. 이 발음 기호의 문제점은 장음 표시([:])다. 이 표시는 단모음보다 단순히 길다는 뜻이 아니라 도표에서 보는 바와 같이 발음의 위치가 높고 강한 음조(pitch)를 나타내는데, 보통 이러한 점을 소홀히 하기 쉽다. (　)는 우리말에서 가장 유사한 발음을 표기한 것이다. 이 책에서는 편의상 우리가 널리 사용하는 다니엘 존스의 표기법을 사용하기로 한다.

　한편 모음과 철자 간의 규칙은 정해져 있지 않지만, 대체로 다음과 같은 관계를 가지고 있다.

발음	철자	단어
iː	ee, ea, ie, ei, 끝음절의 e와 y	meet, sea, belief, receive, me, city
i	i, ui, 자음 사이의 y	sit, build, symbol
ei	a, ai, ay, ey, eigh	save, wait, say, they, weigh
e/ɛ	e, ea	get, head
æ	a	man, apple
ʌ	u, o, ou	but, love, come, country
ɔ	aw, au, al, ought, aught, o	saw, author, small, thought, daughter, long
ou	o, oa, ow, ough	no, road, slow, though
u	oo, u, ould	good, pull, would
uː	oo, ue, o, ew, u	too, true, do, new, rule
ai	y, i, igh, ie	sky, nice, light, lie
au	ou, ow	loud, brown
ɔi	oi, oy	oil, enjoy
ər	er, ear, ir, or, ur, ure, ar	her, heard, girl, word, occur, culture, collar, grammar

다음은 모음의 발음이 비슷한 단어들이다. 발음을 소리내어 연습해
보자.

sell [sel] – sale [seil] color [kʌlər] – collar [kalər]
bean [biːn] – been [bin] want [want] – won't [wount]
dessert [dizəːrt] – desert [dezərt] wonder [wʌndər] – wander [wandər]
warm [wɔːrm] – worm [wəːrm] woman [wumən] – women [wimin]

 다음 밑줄 친 두 단어의 발음을 구별해 보시오.

1) The guide will lead you there.
   It is as heavy as lead.
2) A dove is smaller than a pigeon.
   The sailer dove into the sea.
3) I will be ready in a minute.
   The equipment can detect a minute error.

1) _____

2) _____

3) _____

❶ 발음 방법

영어의 자음은 입술의 모양, 공기의 흐름, 성대의 떨림(유성 또는 무성)에 따라 구분된다. 이를 간단히 도식으로 나타내면 다음과 같다. 다소 복잡해 보이지만 외울 필요는 없으며 발음 연습에 참고만 하면 충분하다.

*( )는 가장 유사한 우리말 발음이다.

발음의 위치 발음의 방법	양순음		순치음		치음		치조음		경구개음		연구개음		성문음	
	무성	유성	무성	유성	무성	유성	무성	유성	무성	유성	무성	유성	무성	유성
폐쇄음 (stops)	p (ㅍ)	b (ㅂ)					t (ㅌ)	d (ㄷ)			k (ㅋ)	g (ㄱ)		
마찰음 (fricatives)			f	v	θ	ð	s (ㅅ)	z (ㅈ)	ʃ	ʒ			h (ㅎ)	
파찰음 (affricates)									tʃ (ㅊ)	dʒ				
비음 (nasals)		m (ㅁ)						n (ㄴ)				ŋ (ㅇ)		
유음 (liquids)							l	r (ㄹ)						
활음 (glides)	w (ㅜ)									j				

위의 표에서 유성(음)이란 성대가 떨리는 소리고, 무성(음)이란 성대가 떨리지 않는 소리다.

위의 발음에서 우리말에 상응하는 발음이 없는 단어는 항상 의식적으로 연습해야 하며, 우리말 방식으로 발음하면 나중에 고치기가 매우 어려워진다.

위의 도표에 사용된 발음의 위치와 방법에 대한 용어를 간단히 설명하면 다음과 같다.

음의 위치	발음의 방법
양순음 : 두 개의 입술로 내는 소리 순치음 : 윗니와 아랫입술로 내는 소리 치음 : 양 이 사이로 혀를 내밀어 내는 소리 치조음 : 혀와 윗잇몸으로 내는 소리 경구개음 : 혓바닥과 입천정으로 내는 소리 연구개음 : 혓바닥과 입천정 안쪽에서 내는 소리 성문음 : 목구멍 소리	폐쇄음 : 공기를 순간적으로 막고 내는 소리 마찰음 : 공기의 흐름을 거의 막고 마찰해서 나는 소리 파찰음 : 공기의 흐름을 순간적으로 막고 마찰해서 내는 소리 비음 : 코로 내는 소리 유음 : 혀의 양 옆으로 공기를 흘러내는 소리 활음 : 혀를 움직여 내는 소리로, 반모음이라고도 한다.

❷ 발음의 구별

발음을 구별하기 위해서는 비슷한 단어끼리 비교해서 발음해 보면 도움이 된다.

다음 단어들을 구분하여 발음해 보자.

/p/ 와 /b/ : pat – bat, cap – cab

/t/ 와 /d/ : tab – dab, cat – cab, catty – caddy

/k/ 와 /g/ : cap – gab, tack – tag

/f/ 와 /v/ : fat – vat, safer – saver, belief – believer

/ə/ 와 /ð/ : thin – then, ether – either, breath – breathe

/s/ 와 /z/ : sue – zoo, lacy – lazy, peace – peas

/ʃ/ 와 /ʒ/ : rush – rouge, thresher – treasure

/tʃ/ 와 /dʒ/ : chain – Jane, chop – job, beseech – besiege

/m/ 와 /n/ : mitt – knit, seem – seen

/l/ 와 /r/ : light – right, teller – terror

/w/ 와 /j/ : wet – yet, lower – lawyer

❸ 묵음

영어의 모든 철자는 묵음(silent letter)이 될 수 있다. 그리고 많은 단어가 묵음을 포함하고 있다. 예를 들면, 아래의 단어에서 밑줄 친 부분도 묵음이다.

bread, debt, indict, handkerchief, hope, hour, friend, autumn, receipt

 다음 한 쌍의 단어의 발음을 구별해 보시오.

sip – ship   cheer – sheer   Jew – zoo
jealous –zealous   range – reins   lose – rouge

Answer sip[sip] – ship[ʃip], cheer[tʃiər] – sheer[ʃiər], Jew[dʒuː] – zoo[zuː],
jealous[dʒeləs] – zealous[zeləs], range[reindʒ] – reins [reinz],
lose[luːz] – rouge[ruːʒ]

단어를 개별적으로 발음하는 것과 문장에서 발음하는 것은 어조 (tone)에서 다소 차이가 있다. 문장 전체의 억양(intonation)과 단어의 강세(stress)가 반드시 일치하는 것이 아니기 때문이다.

영국 영어와 미국 영어의 철자와 발음은 기본적으로 유사하다. 그러나 영국 영어는 비교적 철자와 발음에 충실하지만, 미국 영어는 발음의 생략과 연음 현상으로 인하여 다르게 들릴 수 있다. 따라서 우리가 배우는 미국 영어가 지닌 발음의 특징을 이해하면 회화 능력의 향상에 도움이 될 것이다. 미국 영어를 기준으로 하여, 영어의 일반적인 발음의 특징을 요약하면 다음과 같다.

❶ 강세

a. 기본적으로 사전에 나타난 단어의 강세(stress)에 유의해야 한다.

His **story** is very fun. (그의 이야기는 매우 재미있다.)

History is very fun. (역사는 매우 재미있다.)

b. 주요 단어(명사, 형용사, 부사) 또는 의미의 중심이 되는 부분에 강세(stress)를 둔다.

The **announcement** is about **smoking** in the **apartment**.

(그 공고는 아파트에서 흡연하는 것에 관한 것이다.)

These days we're living **fast lives** with **less time** at our **disposal**.

(요즈음 우리는 바쁜 생활을 하며 우리가 마음대로 할 수 있는 시간이 적다.)

❷ 탈락(elision); 주로 미국 영어의 특징이다.

a. 'and'는 비음 앞에서 [d] 발음이 탈락 되는 경우가 많다.

You and me should work together.
[ju ən mi]

b. 단어의 뒷 부분에 있는 3중 자음은 가운데 자음이 묵음이 될 수 있다.

friendship [frenʃip], **aspects** [æspeks], **he must be** [hi məs bi]

c. 강세가 없는 음절의 [ə, i]는 약화 되거나 묵음이 된다.

easily [iz(ə)li], **buffalo** [bʌf(ə)lou]

주의 다음과 같은 경우에는 반드시 발음해야 한다.

a. 명사의 복수형 's'는 반드시 발음해야 한다.

They bought the new computers from the shop.

(그들은 상점에서 새 컴퓨터를 샀다. 생략하면 컴퓨터가 한 대가 된다.)

b. 과거시제 어미 'ed'와 현재형 's'는 반드시 발음해야 한다.

She worked as a teaching assistant.

(그녀는 조교로 활동하였다.)

She works as a teaching assistant.

*She work as a teaching assistant. (명령? 예정? 현재?)

If you park in the handicapped parking lot, you will be fined [fine].

(장애인 주차장에 주차하면 너는 벌금을 낸다 [주차해도 좋다].)

❸ 축약(contraction)

음의 일부가 생략 또는 삭제되는 것을 축약이라 한다. 주로 조동사에서 많이 발생한다.

a. 조동사의 여섯 가지 축약

① is, has → 's [z]　② would, had → 'd [d]
③ have → 've [v]　④ am → 'm [m]
⑤ are → 're [r]　⑥ will → 'll [l] (I'll은 I will의 축약으로 본다.)

b. 동사 'be'와 조동사의 이중 축약은 안 되며 둘 중 하나만 축약될 수 있다.

She is not polite. ⇒ She isn't polite. She's not polite.
*She'sn't polite.

c. 조동사 또는 본동사 'is'는 둘 다 축약이 가능하다.

She's young.
He's coming soon.

d. 동사 'have'는 조동사로 쓰일 때만 축약할 수 있다.

He's been waiting for you.
(has been; 그는 너를 기다리고 있었다.)
*He's some books. ⇒ He has some books.
(그는 책이 몇 권 있다.)

e. 중복되는 발음은 축약될 수 있다.

I want to go there.

[wɔnt tə] → [wɔn tə] → [wɔn(n)ə] (비음화 현상; 미국식에만 적용)

❹ 동화(assimilation)

인접한 앞 뒤의 발음이 닮아가는 것을 동화라 한다.

a. 무성음 [t]소리는 앞의 유성음을 무성음으로 만든다.

I have to go. [ai hæf [hæv] tə gou]

b. 연구개음 [g]는 앞의 자음도 연구개음으로 만든다.

I can go. [ai kəŋ [kən] gou]

c. (미국 영어) 두 개의 모음 사이에 있고 앞의 모음에 강세가 있는, [t, d]는 [r]로 발음될 수 있다.

ride [raid] **vs rider** [rairə], **write** [rait] **vs writer** [rairər]

lender [lɛndər] (앞에 자음이 있으므로 'r'로 발음하지 않는다.)

❺ 약화(weakening)

접속사(and, that) 또는 조동사(have)로 사용되는 단어의 모음은 일반적으로 약화되어 [ə](schwa)로 발음된다.

You and me [ju ən mi] **should work hard.**
(너와 나는 열심히 공부해야 한다.)
I think that [ðət] **he is generous.** (나는 그가 관대하다고 생각한다.)

I read that [ðæt] book. (나는 그 책을 읽었다.)

I have [ai həv] been there. (나는 거기에 갔다 왔다.)
I've [ai v] been there.　　(나는 거기에 갔다 왔다.)
I have [hæv] that book. (나는 그 책을 가지고 있다.)

❻ 연음(linking)

a. 단어의 마지막 음이 자음이고 그 다음 단어가 모음으로 시작되면
자음과 모음은 연결해서 읽는다.

can I...? [kæ nai], **take it** [tei kit], **bridge is** [bri dʒiz]
Put it in [pudi din] (모음 사이에서 유성음화 발생)

b. 의미 단위(thought group)에 속하는 구 또는 절에 포함된 단어들
은 연결해서 읽는다.

The City tour at two / has been moved / to three.

(2시의 도시투어가 3시로 이동하였다.)

**Though she talked to her neighbors / several times, /
they were noisy / the next day.**

(그녀가 이웃에게 여러 번 말했지만, 다음날 그들은 떠들었다.)

**These days / everything revolves / around speed and
convenience.**

(요즈음 모든 것이 속도와 편리를 중심으로 움직인다.)

1) It's (their, there, they're) car.
   I'll be (their, there, they're) later.
   (Their, Their, They're) always working late.

2) The (brake, break) on the car don't work.
   I often (brake, break) things when I clean the floor.

3) Has today's (mail, male) arrived?
   The (mail, male) lion has a mane.

Answer 1) their, there, They're   2) brake, break   3) mail, male

연습문제

1 다음 밑줄 친 단어를 소리내어 읽고 발음을 구별하시오.

> **ex** He didn't shed a single <u>tear</u>.　　　　정답: /tiər/
> Please <u>tear</u> out a page of your notebook.　정답: /tɛər/

1) We deflate the tires to cross the <u>desert</u>.

　 The soldier shouldn't <u>desert</u> his post.

2) Leaves rustle in the <u>wind</u>.

　 Rivers <u>wind</u> through the valley.

3) The bomb can <u>wound</u> many people.

　 The snake <u>wound</u> around a branch.

2 다음 괄호 속의 단어들은 발음이 같다. 문장의 의미에 맞는 단어에 밑
　 줄을 치시오.

> **ex** I (<u>know</u>, no) you'll feel upset if she says (know, <u>no</u>) to (<u>your</u>, you're) invitation.

1) The (plain, plane) woman is going to leave on the early (plain, plane) to Jejudo.

2) He (threw, through) himself into study, and he's almost (threw, through) with his thesis.

3) Our team (one, won) the soccer game and Mr. Kim was cho-sen as (one, won) of the best players.

3 다음 각 문장에서 밑줄 친 음절의 발음을 /eit/(동사)와 /it/(명사, 형용사)으로 구별해 보시오.

> **ex** They have decided to separ<u>ate</u>.   정답: /eit/ (동사)
> They live in separ<u>ate</u> houses.   정답: /it/ (형용사)

1) The woman seems to altern<u>ate</u> between feeling happy and sad.

   Do you have an altern<u>ate</u> plan?

2) He will gradu<u>ate</u> next spring.

   He will be a college gradu<u>ate</u> next month.

3) The city is going to appropri<u>ate</u> the money for the new park.

   It is an appropri<u>ate</u> decision.

4 다음 문장의 굵은 단어(bold-faced word)와 발음이 같은 단어를 사용하여 문장을 완성하시오.

> **ex** I **ate** breakfast at (   ) this morning.   정답: eight

1) If you want to (   ) him. you should give a **higher** salary.

2) Reading (   ) is not **allowed** in the library.

3) She **rode** her bike on the (   ).

4) Her young (   ) is playing in the **sun**.

5) The **sail** boat is for (   ).

5 다음은 민수의 하루 일과이다. 밑줄 친 어미[(e)s]를 정확하게 구별하여 읽어보시오.

Every morning he gets up early, brushes his teeth, washes his face, and eats breakfast. He hugs his wife and son good-bye. He takes two buses to work. He usually gets to work before his coworkers. He reads his email, checks messages and returns phone calls. He likes to speak with his colleagues and clients, and conducts meetings. He focuses on his daily tasks and takes one hour for lunch.

6 B의 응답에서 강세(extra stress)를 두어야 할 단어를 굵은 글씨로 표시하시오.

ex A: You didn't go there, did you?
B: I **did** go.

1) A: You don't understand me.

B: I do understand you.

2) A: It's hot, isn't it?

B: It is hot.

3) A: You've never been here, have you?

B: I have been here.

03 단어

영어는 자음과 모음을 결합하여 단어를 만든다. 영어 단어는 순수 영어 단어와 라틴어, 프랑스어 등에서 차용한 단어로 구성되어 있으며 2010년 기준으로 약 100만 단어 이상으로 본다. 그리고 가장 빈번하게 사용되는 단어는 약 2000단어(Nation 2001)로 본다.

3.1. 단어의 형성

과학과 문명의 발달로 영어에는 매일 백 개 이상의 새로운 단어가 만들어지고 있다. 영어 단어는 대체로 다음 8가지 방식으로 만들어진다.

❶ 신조어(coinage); 주로 발명품으로, 원래 없는 새로운 단어가 만들어지는 것이다.
aspirin(약이름), nylon(상품), zipper(지퍼), xerox(복사기), Google(회사이름)

❷ 차용어(borrowing); 남의 나라 단어를 빌려 사용하는 것이다.
kimchi(한국어), lilac(페르시아), piano(이태리), yogurt(터키), zebra(반투어)

❸ 합성어(compounding); 두 단어를 합하여 하나의 단어로 만드는 것이다.

bookcase, fingerprint, sun cream, wallpaper, textbook

❹ 혼성어(blending); 두 단어의 일부를 결합하여 하나의 단어를 만드는 것이다.

smog(smoke + fog), motel(motor + hotel), brunch(breakfast + lunch),

❺ 절단어(clipping); 원래의 단어를 절단하여 만든다.

fax(faximile), gas(gasoline), ad(advertisement), bra(brassiere), fan(fanatic), vocab(vocabulary)

❻ 역성어(backformation); 원래의 단어를 축소하여 새로운 단어를 만드는 것. 주로 원래의 명사에서 동사를 새롭게 만드는 경우를 말한다.

televise(from television), donate(from donation), edit(from editor), baby-sit(from baby-sitter)

❼ 전환(conversion) 꼭 같은 단어를 다른 품사로 이용하는 것

명사를 동사로 이용하는 경우 bottle, butter, chair(주재하다)
동사/조동사를 명사로 이용하는 경우 a guess, a must, a spy
형용사가 동사로 쓰이는 경우 dirty, empty
전치사가 동사로 사용되는 경우 up, down

❽ 파생(derivation); 접두어 또는 접미어를 붙여서 만드는 것으로 가
장 일반적인 방법이다.

접두어; <u>un</u>happy, <u>mis</u>represent, <u>pre</u>judge

접미어; care<u>less</u>, boy<u>ish</u>, terror<u>ism</u>, sad<u>ness</u>

그 외 첫 글자를 따서 만드는 두문자어(acronym) – NATO, UNESCO
등 – 와 가운데 접사를 넣어 만드는 접요사(infix) – abso**goddam**lutely,
un**fuckin**believable, god**triple**dammit 등 – 도 있지만 이런 것은 별개
의 단어로 분류하지 않는다.

$\overline{\text{EXERCISE}}$ 다음 접두어와 결합할 수 없는 단어는?

dis _____

able, agree, comfort, fair, fortunate, interested

_____

　문장에서 두 개 이상의 단어가 결합하는 것을 연어(collocation)라 한다. 연어는 언어관습이므로, 문장을 만들 때 단순히 의미가 유사하다고 결합해서는 안 된다. 단어 간의 결합관계는 원어민은 일상생활에서 자연스럽게 습득하지만, 언어 사용 경험이 적은 외국어 학습자에게는 어려울 수 있다. 따라서 외국어 학습자는 가능하면 결합된 상태의 말뭉치(chunk)로 외우는 것도 도움이 된다.

　예를 들면 다음의 몇 가지 경우를 보자.

❶ '형용사 + 명사'로 결합된 경우

You should catch a fast [*quick] train.

(너는 급행열차를 타야 한다.)

He works at a fast [*quick] food restaurant.

(그는 분식집에서 일한다.)

I took a quick [*fast] shower. (나는 샤워를 빨리했다.)

She had a quick [*fast] meal. (그녀는 식사를 빨리 했다.)

❷ '동사 + 전치사 + (목적어)'로 결합된 경우

I'll go hiking at [*to] the mountain. (산에 하이킹 갈 것이다.)

I am looking forward to seeing [*see] you again.

❸ '동사 + 부사'로 결합된 경우

They waved frantically [*feverishly].

(그들은 열광적으로 손을 흔들었다.)

❹ '주어 + 동사'로 결합되는 경우

<u>Lions roar</u> [*shout]. (사자가 으르렁거린다.)

위의 밑줄 친 부분은 하나로 묶어서 암기하는 것이 효과적이다.

 다음 두 개의 단어 중에서 문법에 맞는 단어를 고르시오.

---

1) When were you (born, borne)?

2) I was (overcome, overcame) by a sense of loneliness.

3) You can be banned from driving for being (drunken, drunk).

Answer 1) born(태어나다는 'born'을 사용한다.)   2) overcome   3) drunk

3.3. 단어의 의미 관계

인간 언어의 기본은 단어다. 그리고 단어는 개인과 집단의 지적 수준, 정서적 성향, 심리적 태도, 상호간의 관계 등 거의 모든 것을 나타낸다.

따라서 외국어를 학습할 때는 단어가 어떤 의미 관계를 지니는 지에 대한 기본 지식은 필수적이다. 여기서는 영어 단어의 기본적인 관계인 동의어, 반의어, 하위어에 대해서만 간단히 정리해 본다.

3.3.1. 동의어

두 단어의 의미가 밀접할 때 우리는 동의어(synonym)라고 한다.

> **ex** answer – reply, almost – nearly, big – large,
> broad – wide, buy – purchase, freedom – liberty

그러나 위의 동의어를 학습할 때에는 다음 사항을 명심해야 한다.

❶ 의미가 같더라도 항상 문장에서 대체되는 것은 아니다.

What was his answer [reply]? (대체 가능; 그의 대답은 무엇이냐?)

She had only one answer [?reply] incorrect on the test.

(대체 불가; 그녀는 시험에서 단지 한 문제만 틀렸다.)

❷ 동의어라도 공식적 언어(formal)와 일상 언어(informal) 표현은 다르다.

My father purchased a large automobile. (공식적)

(아버지가 대형 자동차를 구입하였다.)

My dad bought a big car. (일상적)

(아빠가 큰 차를 샀다.)

❸ 완곡어법(euphemism)

동의어라도 연상(association)과 범위(scope)에서 전혀 다를 수 있다. 즉, 지시 관계에서는 동일하지만 부정적 연상과 긍정적 연상을 유발하고, 본질을 왜곡 또는 축소할 수도 있다. 영어 교육에서 매우 중요하지만 현재 교육이 거의 이루어지지 않고 있다. 여기서는 몇 가지 단어를 통해 구체적으로 살펴보자.

a. 'thin' (살찌지 않은)

(긍정적) slim > lean > thin > skinny > skeleton (부정적)

(일반적)

The child looks thin. (여윈)

(긍정적)

She looked **slim** and fit for her age.
(날씬한; thin in an attractive way)
She has **slender** legs.
(미끈한; thin in an attractive or graceful way)
The runner's legs are strong and **lean**.
(그 육상선수의 다리는 강하고 날씬하다; lacking in unnecessary fat)

(부정적)

She has **skinny** legs. (깡마른; lacking sufficient flesh)
She used to be fat but is **bony**. (뼈만 남은; very thin)
She was **skeletal** after her illness. (해골 같은; very thin)

d. 'fat'

The young man looks slightly <u>fat</u>. (살이 찌다; 일상적)
The dignified gentleman is <u>portly</u>. (풍채가 좋은)

The beautiful woman is <u>plump</u>. (풍만하다.)

The football player is <u>husky</u>. (튼튼한)

The number of <u>obese</u> people is increasing.

(<u>비만인</u> 사람들의 수가 날마다 증가하고 있다.)

c. 'comfort woman'과 'juggernaut'

위의 두 단어는 일본의 아베 총리와 오바마 대통령이 2015년 미 의회 기자회견에서 각각 사용한 것이다.

– comfort woman(위안부; prostitute[매춘부]에 대한 일본식 어법. 편안하게 하는 여자) ⟹ sex slave(성 노예)

즉, 보편적 인권문제인 'sex slave'대신 'comfort woman'을 사용하여 문제를 축소, 또는 한정하는 것이다. 실제 이 단어가 포함된 다음 문장은, 문장구조까지 이용하여 책임을 전가하였기 때문에 전 세계 언론이 주목하였다.

I am deeply pained to think about the comfort women who experienced immeasurable pain and suffering as a result of victimization due to human trafficking.

(나는 인신매매에 따른 희생의 결과로서 측량할 길 없는 아픔과 고통을 겪은 위안부 여자에게 대해 생각하면 매우 고통을 느낀다; 이 문장은 의미상으로 '위안부'는 인신매매에 책임이 있다 [일본군의 책임은 아니다]는 주장이다.)

다음은 오바마의 중국에 대한 별칭이다.

– juggernaut (크리슈나 신상, 강력 물체, 대형트럭)

⟹ superpower (매우 강력한 국가; an extremely powerful nation)

China became an economic juggernaut.

(중국은 경제적으로 대형트럭이 되었다.)

3.3.2. 반의어(antonym)

두 단어의 의미가 대립되거나 반대가 될 때, 반의어(antonym)라고 한다.

반의어도 세 종류가 있다.

❶ **단계적 반의어(gradable antonym)**

상대적인 개념이며, 한 단어의 부정이 다른 단어의 긍정이 되는 것은 아니다.

> ᴇx fast / slow, hot / cold, long / short, rich / poor, big / small

He is bigger than you. (그는 너보다 크다.)

You are bigger than me. (너는 나보다 크다.)

⟹ **He is bigger than me.**

위의 'big'은 구체적인 의미가 다를 수 있다.

❷ 상보적 반의어(complementary pairs)

한 단어의 부정이 다른 단어의 의미와 같을 때 사용한다.

> **ex** male / female, married / single, true / false, alive / dead
> My grandfather aren't alive. = My grandfather is dead.

❸ 전도어(reversive)

행위의 방향(direction)이 상반되는 반의어를 전도어라고 한다.

> **ex** dress / undress, enter / exit, pack / unpack,
> lengthen / shorten, raise / lower, tie / untie

She dressed the child warmly. (옷을 따뜻하게 입혔다.)

She didn't dress the child. (옷을 입히지 않았다.)

She undressed the children for bed. (옷을 벗겼다.)

3.3.3. 하의어(hyponymy)

한 단어가 다른 단어에 포함되면 하의어(hyponym), 다른 단어를 포함하면 상의어(superordinate)라고 한다. 대체로 어휘능력이 높을수록 구체적인 하의어를 자유롭게 구사할 수 있다.

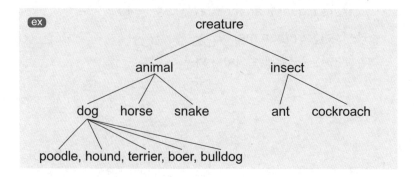

1) spring, summer, autumn, winter
2) breakfast, lunch, dinner, supper
3) chestnut, persimmon, jujube, pear, watermelon
4) Monday, Tuesday, Weekday, Thursday, Friday
5) shirts, pants, suit, jeans

 Answer 1) season 2) meal 3) fruit 4) weekday 5) clothes

연습문제

1 나머지 단어를 포함하는 단어를 고르시오.

ex chalk, whiteboard, classroom, desk, eraser   정답: classroom

1) bridge, captain, sailor, ship, mast

2) apple, egg, pear, persimmon, food

3) drink, coffee, wine, tea, soda

2 다음 두 개의 단어 중에서 문장의 의미에 맞는 것을 고르시오.

ex Open the window. I can't (breathe, breath).   정답: breathe

1) We'd like (separate, separative) bills please.

2) I've took a good (relax, rest) and I feel quite fresh.

3) Men often get bald in their middle (ages, years).

4) Wipe up the mess with this (cloth, clothe).

5) The greatest problems are poverty and (disease, decision).

3 다음에서 뒤의 명사와 자연스럽게 연결되는 단어를 고르시오.

ex You should excuse his (old, past) mistakes.   정답: past

1) There have been many changes to advertising in (current, modern) times.

2) A good advertisement can (grab, grasp) the shopper's attention.

3) The mover can only carry one box (at, by) a time.

4) We didn't hear the (full, total) story.

5) The shirt in the window (caught, held) his eye, so he went into the shop.

4 밑줄 친 말과 가장 비슷한 의미를 가진 단어를 고르시오.

filed   auxiliary   core   monitor   diseased   station

ex Look on the <u>computer screen</u> to find the answer.   정답: monitor

1) <u>Supporting</u> troops were called in to fight the enemy.

2) Some of the children in Africa are <u>suffering from a disease</u>.

3) Good planning is at the <u>center</u> of any military operation.

4) We spent a sleepless night in the bus <u>terminal</u>.

5) The financial records need to be <u>arranged in order</u>.

04 품사

4.1. 품사의 분류기준

　영어 문장 구조를 설명하기 위해서 단어를 의미와 역할에 따라 몇 가지 유형으로 구분하고, 이를 품사(parts of speech) 또는 어휘 부류(word class)라 부른다. 여기서는 편의상 품사라고 한다. 품사 분류의 일차적인 기준은 문장에서의 역할이다. 실제 대부분의 단어는 의미와 품사가 일치하지만, 몇몇 단어들은 문장에서의 역할에 따라 품사가 달라질 수도 있으므로 유의해야 한다. 예를 들어 다음 문장을 보자.

❶ home

　　There's no place like **home**. (명사; 전치사의 목적어)

　　(집만한 곳이 없다.)

　　She is coming **home**. (부사; 동사 수식)

　　(그녀는 집으로 오고 있다.)

　　She has a happy **home** life. (형용사; 명사 수식)

　　(그녀는 행복한 가정 생활을 한다.)

She is **homing** from abroad. (동사; 서술어)

(그녀는 외국에서 귀국하고 있다.)

❷ what

What are you reading? (대명사; 목적어)

(너는 무엇을 읽고 있니?)

What book are you reading? (형용사; 수식어)

(너는 어떤 책을 읽고 있니?)

What [=how] does it matter? (부사; 수식어)

(문제가 있느냐?)

이와 같이 한 단어가 문장에서의 기능과 역할에 따라 품사가 달라지는 것이다.

오늘날 영어 단어는 일반적으로 여덟 가지 유형의 품사로 구분한다; 즉, 명사, 대명사, 동사, 형용사, 부사, 전치사, 접속사, 감탄사로 분류한다. 그리고 어휘수가 한정된 조동사는 동사의 일부로, 관사는 형용사의 일부로 처리하고 있다. 그러나 실제 대부분의 문법서적은 조동사와 관사를 별도로 설명한다. 따라서 여기서도 이 두 가지 품사를 첨가하여, 열 개의 품사로 분류하기로 한다.

다음 문장을 해석하고 'here'의 품사와 문장에서의
역할을 말하시오.

1) It's hot in here.
2) Come here.
3) Here, let me help you with that.

1) _____

2) _____

3) _____

Answer 1) 명사(부사적어): 여기는 덥다.
2) 부사(수식어): 여기에 오너라.
3) 감탄사(독립): 여기요, 내가 그것을 도와주겠어요.

4.2. 품사의 종류

각 품사의 세부적인 설명은 다음 장에서 하고 여기서는 품사분류의
기준이 되는 의미와 문장에서의 기능에 대해서만 간단히 살펴보기로
한다.

❶ 명사(noun)

의미; 문장에서 의미의 중심이 되며, 주로 – 사람, 사물, 장소, 개념,
상태 – 등을 나타낸다.

　　man, shirt, room, corner, mind, trouble 등

기능; 문장에서 주어, (동사 또는 전치사의) 목적어, 보어 역할을 한다. 전치사 뒤에 오는 명사도 (전치사의) 목적어라 부른다.

The **woman** cooked **rice** for her **kids**.
　　주어　　　　　　목적어　　(전치사의)목적어

(그 여자는 자식들에게 밥을 해주었다.)

He is a **student**. (그는 학생이다.)
　　　　　　보어

❷ 대명사

의미; 주로 명사를 대신하며, 구체적으로 독립된 의미는 없다.

　he, it, they, who, someone, themselves 등

기능; 명사와 같이 주어, 목적어, 보어 역할을 한다. 앞 문장의 명사를 대명사로 바꾸어 보자.

She cooked **it** for **them**.
(인칭)대명사　(지시)대명사　(지시)대명사

(그녀는 그들을 위해 그것을 만들었다.)

Who is it? It's **me**. (누구세요? 나야.)
　보어　　　　　　보어

❸ 동사

의미; 행동, 상태, 존재, 소유 등을 나타낸다.

　　make, become, is, have 등

기능; 주어에 대해 서술하는 역할을 한다. 주어를 서술하는 술부 전
체의 구조를 결정하므로, 문장의 중심이라고 한다. 다음 예문
을 살펴보자.

The shoemaker made the shoes for the elves.
　　주어　　　　　　　　　목적어　　부사구

(그 제화공은 요정들에게 신발을 만들어 주었다.)

위의 문장은 (서)술부의 중심인 동사 'made'를 기준으로 'shoe-
maker'가 주어, 'shoes'가 목적어, 그리고 'for the elves'가 부사구 역할
을 하고 있다. 다음 문장을 보자.

The elves made the shoes for the shoemaker.
　　주어　　　　　　　목적어　　　　부사구

(요정들이 제화공을 위해 신발을 만들었다.)

The shoemaker made the elves happy.
　　주어　　　　　　　　목적어　목적보어

(그 제화공은 요정들을 행복하게 했다.)

❹ 조동사

의미; 동사에 시제, 진행, 완료, 화자의 태도 등의 의미를 부가해 주
　　　는 역할을 한다.

　　　will, can, be, have, ought to 등

기능; 동사 앞에 위치하며, 동사의 의미를 보충하는 기능을 가진다.

The woman <u>makes</u> a shirt for the elves. (현재)

(그 여인은 요정들을 위해 셔츠를 만든다.)

The woman <u>will</u> make a shirt for the elves. (미래형)

(그 여인은 요정들을 위해 셔츠를 만들 것이다.)

The woman <u>is</u> making a shirt for the elves. (진행형)

(그 여인은 요정들을 위해 셔츠를 만들고 있다.)

The woman <u>has</u> made a shirt for the elves. (완료형)

(그 여인은 요정들을 위해 셔츠를 만들었다.)

The woman <u>may</u> make a shirt for the elves. (화자의 추측)

(그 여인은 요정들을 위해 셔츠를 만들지 모른다.)

❺ 형용사

의미; 느낌, 성질, 크기, 수량 또는 지정하는 의미를 지닌다.

　　　happy, honest, long, this, each 등

기능; 명사/대명사를 수식하거나, 동사의 의미를 보충하는 보어의
　　　기능을 가진다.

The shoemaker was <u>honest</u>. (보어)

(그 제화공은 정직하였다.)

The honest shoemaker made little shoes for five elves.

(수식어)

성질   크기   수량

(그 정직한 제화공은 다섯 명의 요정을 위해 작은 신발을 만들었다.)

❻ 관사

의미; 명사의 범위를 한정(the) 또는 비한정(a, an)하는 의미를 가진다.

    a, an, the

기능; 항상 명사 앞에 위치하며, 형용사와 같이 명사를 수식하는 기능을 가진다.

The woman made a little shirt for the elves.

한정   비한정   한정

(그 여자는 그 요정들을 위해서 작은 셔츠 한 개를 만들었다.)

❼ 부사

의미; 방법, 시간, 장소, 정도, 이유 등의 의미를 가진다.

    neatly, soon, here, almost, so 등

기능; 문장에서 형용사, 동사, 다른 부사를 수식하는 기능을 가진다.

Once there was a shoemaker. (문장 수식)

(옛날에 제화공이 있었다.)

He was very honest and worked neatly.

    (형용사 수식)   (동사 수식)

(그는 매우 정직하고 솜씨있게 일했다.)

The shoes suited him <u>so</u> <u>well</u> that he paid a high price.
(부사 수식) (동사 수식)

(그 신발이 그에게 매우 잘 맞아서 그는 가격을 높게 주었다.)

❽ 전치사

의미; 종류가 한정되어 있으며 문장에서 명사와 결합하여 다양한
역할과 의미를 지닌다.

in, on, at, during, except 등

예를 들어 'on'의 의미도 아래와 같이 매우 다양하게 사용
된다.

The book is on the table. (위치; -위에)
(그 책은 책상 위에 있다.)

The baby can stand on one foot. (지지; -로)
(그 어린이는 한 발로 설 수 있다.)

She kissed him on the cheek. (접촉; -에)
(그녀는 그의 뺨에 키스를 했다.)

We saw cows and chickens on the farm. (장소; -에서)
(우리는 농장에서 암소와 병아리를 보았다.)

We will work on a new project. (주제; -에 대해)
(우리는 새로운 계획에 대해 연구할 것이다.)

기능; 주로 명사와 결합하여 전치사구(전치사 + 명사)를 형성하고,
문장에서 주로 형용사구 또는 부사구의 기능을 한다.

They hid <u>behind the curtain</u> <u>of the room</u>.

        (부사구로 동사 수식)   (형용사구로 명사수식)

(그들은 그 방의 커튼 뒤로 숨었다.)

❾ 접속사

의미; 앞 뒤의 문장성분을 연결하는 의미를 지닌다.

      when, as, that, and, but, wherever 등

기능; 두 가지 이상의 문장 성분 – 단어, 구, 절 – 을 연결하며, 문장

      에서 대등관계 또는 종속관계를 나타내는 기능을 가진다.

<u>As</u> it was getting dark, he <u>and</u> his wife were sitting on the bench.

종속절을 이끄는 기능   대등관계

(어두워질 때, 그와 그의 아내는 벤치 위에 앉아 있었다.)

❿ 감탄사

의미; 슬픔, 기쁨과 같은 감정을 나타내는 단어.

      Hey! Oh. Well. Ha! Ho, ho! Hmmm! 등

기능; 주로 단독으로 사용되며, 문장에서 독립된 요소로 처리된다.

      독립적으로 사용되며 다른 성분과 관계가 거의 없으므로 문

      법에서 따로 분석하지는 않는다.

      Hey! Watch out (the car)! (야! (차) 조심해.)

      Excuse me. (실례합니다.)

      OK. (좋아요.)

1) A: Whose job is it to <u>educate</u> the children?

   B: (   ) of the children is the responsibility of the parents.

2) A: Was Jim a <u>generous</u> person?

   B: Yes, thanks to his (   ), we have a TV to watch.

3) A: Have you <u>selected</u> which car you want to buy?

   B: Yes, we have made our (   ).

Answer 1) Education   2) generosity   3) selection

연습문제

1 다음 문장에서 볼드체로 표시된 단어의 품사를 구별하시오.

1) a. The **well** is thirty meters deep.

  b. Everything is **well** with our family.

  c. **Well**, now what shall I do?

  d. He always does **well** on tests.

2) a. We try to give a **good** first impression to others.

  b. It is difficult to know **good** from evil.

  c. **Good**, I think we've come to a decision.

  d. You did the work real **good**.

3) a. He went **like** the wind.

  b. We **like** soccer.

  c. We shall never see his **like** again.

  d. He looked upset **like**.

  e. The plane looked **like** it would crash.

  f. I can't find a **like** instance.

2 보기와 같이 밑줄 친 단어의 명사형을 사용하여 B의 대화를 완성하시오.

ex A: Dogs are the most loyal friends men can have.

　B: Their (　　) has been shown many times.　정답: loyalty

1) A: The doctor must operate the patients immediately.

　B: How long will the (　　　　　) take?

2) A: What is all that (　　　　　) about?

　B: The change of classes has confused the students.

3) A: I will try to make everything safe.

　B: Your (　　　　　) concerns me.

4) A: The class will be dismissed at 3:30.

　B: We hope we have an early (　　　　　) today.

5) A: Did he withdraw some money from ATMs?

　B: He has already made three bank (　　　　　) today.

문장

01 문장

1.1. 문장의 정의

한 단어 이상으로 구성되며 문장부호와 독립된 의미(명제; proposition)를 가지고 있으면 문장이라 한다. 다음 대화에서 문장을 찾아보자.

A: <u>Excuse me</u>. (실례합니다.)

B: <u>Yes?</u> (그런데요?)

A: <u>Could you lend me your dictionary?</u>
(사전 빌려 줄 수 있어요?)

B: <u>Sorry</u>. <u>I'm using it</u>. <u>Maybe later</u>.
(미안해요. 사용하고 있어요. 아마 나중에요.)

A: <u>Oh, that's OK</u>. <u>Thanks anyway</u>.
(오! 좋아요. 여하튼 고마워요.)

위의 대화에서 밑줄 친 모든 부분은 독립된 의미를 전달하고 문장부호(마침표, 의문표)가 있으므로 하나의 문장이다.

그러나 영문법에서는 생략문, 관용문, 감탄사가 있는 문장은 문장 구조에 대한 기술에서 제외하고, 주어와 동사가 있는 서술문을 중심으로 문장 구조를 설명한다. 따라서 위의 대화에서 청색 볼드체로 된 문장만 문장의 구조와 형태에 대한 설명의 대상이 되는 것이다.

또한 문장의 길이에 관계없이 문장 종결부호(., !, ?)가 있으면 하나의 문장으로 간주한다. 예를 들어 다음 문장을 보자.

Insist on yourself; never imitate.
(너 자신을 고수하며 모방하지 마라.)

We change. (우리는 변한다.)

I can't change. (나는 변화할 수 없다.)

I can't change the direction of the wind.
(나는 바람의 방향을 바꿀 수 없다.)

I can't change the direction of the wind, but I can adjust my sail.
(나는 바람의 방향을 바꿀 수 없지만 돛을 조정할 수는 있다.)

I can't change the direction of the wind, but I can adjust my sail to reach my destination.
(나는 바람의 방향을 바꿀 수 없지만, 목적지에 도달하기 위해서 돛을 조정할 수는 있다.)

위의 모든 문장은 길이가 다르지만 독립적인 의미전달이 가능하고 마침표가 있으므로 하나의 문장이다. 또한 주어와 동사로 구성된 평서문이므로 문장구조에 대한 설명의 대상이 되는 것이다.

1) If one does not know where one is sailing,
2) No wind is favorable.
3) One does not know where one is sailing, no wind is favorable.
4) If one does not know where one is sailing, no wind is favorable
5) If one does not know where one is sailing, no wind is favorable.
   (항해의 방향을 모르면, 어떤 바람도 이롭지 않다.)

1.2. 문장의 어순

영어 문장의 구조를 이해하기 위해서는 먼저 우리말의 구조를 이해하는 것이 매우 중요하다. 우리말은 기본적으로 어미변화를 통해서 문장성분의 기능을 나타내는 굴절어(inflective language)에 가까우므로 단어의 위치가 크게 중요하지 않다. 다음 우리말을 보자.

그 학생은 도서관에서 소설책을 빌렸다.
도서관에서 그 학생은 소설책을 빌렸다.
소설책을 도서관에서 그 학생은 빌렸다.

위의 우리말은 어떤 식으로 표현하여도 동일한 의미를 가진다. (물론 말하는 방식에 따라 정서적 의미 차이는 있지만 이런 분야는 수사학에서 다룬다.) 왜냐하면 우리말은 '는, 을, 에서' 등의 조사만 첨가하면 주어, 목적어, 부사구 등의 문장 기능을 나타낼 수 있기 때문이다. 반면 이제 위의 우리말을 영어로 나타내어 보자.

*The student from the library a novel borrowed.
*From the library the student a novel borrowed.
*A novel from the library the student borrowed.

위의 모든 표현은 영어에서 틀린 표현이다. 이를 올바른 영어로 표현하면 다음과 같다.

The student borrowed a novel from the library.
(그 학생은 도서관에서 소설책 한권을 빌렸다.)

위의 영어에서는 'The student', 'a novel', 'the library' 뒤에 우리말의 조사역할을 하는 '은, 을, 에서'가 없다. 따라서 역할을 구별하기 위해 어순(word order)이 필요한 것이다; 즉 문장의 처음 주어 위치는 '은, 는, 이, 가'를 붙이고 동사 뒤의 목적어는 '을, 를'을 붙여서 해석하는 것이다.

즉, 영어는 어미가 없으므로 동사 앞은 주어, 동사 뒤는 목적어 또는 보어로 해석하는 것이다. 그로 인해 영어는 주어 + 동사 + (목적어) + (보어) + (전치사구)로 어순이 정해지게 되었으며 이로 인해 어순언어(word order language)로 분류된 것이다. 이 어순은 영어의 기본적인 순서이므로, 도치구문 이외에는 반드시 지켜야 한다. 반면 수식어구인 전치사구는 전치사와 함께 문두로 이동할 수는 있다. 이 어순의 개념은 매우 중요하므로 반드시 명심해야 한다.

 다음 우리말에 맞게 주어진 단어를 배열하시오.

우리는 매일 아침 건강을 위해 식사를 합니다.

We, every morning, for our health, breakfast, eat, .

_____

1 다음은 민수의 여행준비에 대한 이야기다. 각 부분을 결합하여 자연스러운 문장으로 만드시오.

Column A	Column B
_b_ 1. Minsu wanted to take	a. the reservations in Istanbul for him
___ 2. First, he went b. a vacation	
___ 3. They had information	c. to a travel agency
___ 4. He decided	d. to go to Istanbul
___ 5. The agency made	e. he could start his vacation in three days
___ 6. Then, they sent him	f. about many places
___ 7. After he picked them up,	g. he got on the plane.
___ 8. Thanks to the agency,	h. to the airport for his tickets

2 주어진 단어 또는 구를 이용하여 문장을 완성하시오.

ex on Tuesday, at the meeting

⇒ Obama will speak at the meeting on Tuesday.

1) patience, with children, to work

　　It requires _____.

2) passing, the test, not

　　It was disappointing _____.

3) in the window, in winter, sits

The cat _____.

4) every night, hard, studies

Sumi _____.

5) once a week, in the ground, play, soccer

The students _____.

3 세 개의 문장 속의 부사구를 결합하여 하나의 문장으로 만드시오.

> **ex** I went walking yesterday.
> I went walking in the woods.
> I went walking without a jacket.
> ⇒ I went walking in the woods without a jacket yesterday.

1) She will go to Turkey. She will go by plane. She will go this

morning.

_____

2) The class answered the questions today. The questions

were on the CD. They answered correctly.

_____

3) The teacher compliments his students. He does it every day.

He does it in class.

_____

4 세 개의 단문을 결합하여 하나의 단문으로 만드시오.

ex The man is old. He got off the bus. It was crowded.

⇒ The old man got off the crowded bus.

1) The girl is young. She wore a jacket. It was blue.

_____

2) The man is old. He lives in an apartment. The apartment is

little.

_____

3) The children are bored. They are watching a soap opera. It

is long.

_____

5 아래 주어진 관용표현에서 다음 대화문에 대한 가장 적절한 대답을 고
르시오.

1) You shouldn't have gone to so much trouble. (   )

2) Thanks so much. The dinner was wonderful. (   )

3) Thanks for taking me to the game. (   )

4) I appreciate your help (   )

5) Thank you very much for the recommenation, Professor Kim. (   )

6) Mrs. Kim, I want to tell you how much I enjoyed staying with

your family. Thank you again. (   )

7) I really appreciate your fixing my computer. (   )

8) Thanks a million for sewing the button back on my uniform. (   )

a. Think nothing of it.

b. You don't have to thank me. You've done a good job and you deserve it.

c. Any time. You know how much I like to sew.

d. Don't mention it. Let's do it again soon.

e. It was no trouble.

f. No problem. I enjoy electronics.

g. My pleasure. I hope you liked the dessert too.

h. You're very welcome, Minsu. Come back any time.

6 괄호 속에 주어진 단어와 'why not'(– 어땠니?)을 이용하여 의문문을 만드시오.

ex Minsu: It's too expensive to stay in a hotel.

Sumi: (stay guesthouse)

⇒ Why not stay in a guesthouse?

1) Minsu: I'm tired of studying; I want to do something else.

Sumi: (go movie)

_____

2) Minsu: I'm thinking about joining the service?

Sumi: (enlist Navy)

_____

3) Minsu: Where should I meet you?

Sumi: (meet parking lot)

_____

7 다음 두 개의 문장을 'but – not'을 이용하여 보기와 같이 결합하시오.

ex The test was difficult, but it wasn't impossible.
⇒ The test was difficult, but not impossible.

1) The food at the restaurant was delicious, but it wasn't expensive.

_____

2) The weather was cold, but it wasn't freezing.

_____

3) He speaks fast, but he doesn't speak clearly.

_____

8 다음 대화에서 밑줄 친 부분이 대신하는 것을 영어로 적으시오.

ex A: Do you want to go hiking with us next Sunday?
　B: Yes, I want to.
정답: to go hiking with you you next Sunday

1) A: I hope your father gets better soon.

　B: Yes, I hope so. _____

2) A: So you get a job this year.

　B: Yes, I hope to. _____

3) A: Ted: I'm tired.

　B: Me, too. _____

4) A: What time is it?

　B: Nine thirty. _____

02 문장의 구조와 성분

영어 문장은 단어로 구성되어 있다. 그리고 두 개 이상의 단어들이 결합하여 문장에서 하나의 기능을 할 때 구(phrase)라 한다. 구라는 말은 단어의 묶음에서 중심이 되는 단어에 붙인다. 예를 들면 명사가 중심이면 명사구, 전치사가 중심이면 전치사구라고 한다. 그리고 시제가 있는 동사가 포함된 독립인 의미를 가진 글을 절(clause)이라 한다. 그리고 하나 이상의 절과 마지막에 문장부호인 마침표(.), 의문표(?), 감탄표(!)가 있는 것을 문장이라 한다. 즉, 영어는 단어가 모여 구가 되고, 구가 모여 절이 되며, 하나 이상의 절이 모여 문장이 되는 구조를 가지고 있다.

문법은 문장을 구성하는 성분에 대한 설명이다. 문장 성분이란 하나의 문장에서 동일한 기능을 가진 단어, 구, 또는 절을 말한다. 영어의 성분은 크게 – 주어, 동사, 목적어, 보어, 수식어 – 다섯 가지로 구분한다. 그리고 각 성분들의 기능 또는 역할은 동사를 기준으로 한다. 즉 동사의 서술 또는 행동의 주체가 되면 주어, 동사의 행위의 대상이 되면 목적어, 동사의 의미를 보충하면 보어, 그 외 부가적인 요소를 수식어로 구분한다. 그리고 동사의 필수요소인 주어, 목적어, 보어를 문장의 주성분, 그리고 수식어를 부가적인 성분이라고 한다. 간단히 앞의 문장을 구조와 기능 면에서 살펴보자.

문장 구조

	The student	borrowed	a novel	from the library.
품사:	관사+명사	동사	형용사+명사	전치사+관사+명사
구:	명사구	동사	명사구	전치사구
절:		절		

문장 기능 주어 · 술어(동사) · 목적어 · 수식어

주부 · 술부

문장

즉, 같은 품사라도, 문장에서의 위치에 따라 문장 기능이 전혀 다른 것이다.

문장 성분에 대해 좀 더 자세히 살펴보자.

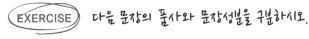
(EXERCISE) 다음 문장의 품사와 문장성분을 구분하시오.

We use umbrellas in the rain.

Answer 품사: We use umbrellas in the rain. 대명사 동사 명사 전치사 관사 명사
문장성분: We use umbrellas in the rain. 주어 동사 목적어 수식어

문장의 성분은 주어, 동사, 목적어, 보어, 수식어로 나눈다. 여기서는 주어를 주어와 주어 대용어로 구분하여 설명하기로 한다.

❶ 주어

영어 문장은 크게 두 부분으로 나눌 수 있다. 즉, 문장의 주체가 되는 대상인 주부(주어 부분)과 그 대상을 서술해 주는 술부로 나눌 수 있다. 다음 문장을 보자.

The honest shoemaker made the glossy shoes for the customers.
(그 정직한 제화공은 고객들을 위해 반짝이는 구두를 만들었다.)

위의 문장에서 '고객을 위해 반짝이는 구두를 만든' 주체는 정직한 제화공이다. 따라서 제화공은 이 문장의 주어가 되는 것이다. 그리고 나머지는 주어의 행동을 서술해주므로 (서)술부라 한다.

The	honest	shoemaker	made	the	glossy	shoes	for	the	customers.
품사; 관사	형용사	명사	동사	관사	형용사	명사	전치사	관사	명사

구조;	명사구	동사	명사구	전치사구
구조;		절(clause)		

기능;	주어	술어	목적어	수식어(부사구)
기능;	주부(subject)		술부(predicate)	
기능;		문장 (sentence)		

위의 문장을 살펴보면 'the honest shoemaker'는 주부, 'made'이하는 술부라고 한다. 그리고 주부의 중심이 되는 'shoemaker'가 주어이다. 그러나 일반적으로 주부를 주어라고 부른다. 주어와 술부를 합쳐서 절이라고 한다. 그리고 하나 이상의 절과 문장을 나타내는 문장부호 – 마침표(.), 의문표(?), 감탄표(!) – 가 있으면 문장이라 한다.

위의 문장을 살펴보면 주어는 의미, 형태, 문법적 기능, 문법적 관계라는 네 가지 측면에서 설명할 수 있다.

    a. 의미; 문장의 화제(topic) 또는 주제(theme)가 되는 대상이다.

    b. 형태; 주로 명사(구) 또는 대명사가 사용된다.

    c. 문장 기능; 동사 앞에 위치하며, 문장에서 의미의 중심이 된다.

    d. 문법적 관계; 술부에 있는 동사, 목적어, 보어의 형태와 수에 영향을 미친다.

예를 들면 주어가 단수명사이면 동사도 단수형, 대명사도 단수형을 가지는 것이다.

---

ex The shoemaker is hiding himself behind a curtain.
     단수   단수   단수

(그 제화공은 커튼 뒤에 자신을 숨기고 있다.)

The man and his wife are hiding themselves behind a curtain.
     복수   복수   복수

(그 남자와 그의 아내는 커튼 뒤에 숨어 있다.)

❷ 주어 대용어

어순언어인 영어는 명령문이 아니면 반드시 주어가 필요하다. 그러나 의미상 주어가 없는 문장이 있고, 형식상 주어를 문장 뒤로 이동하는 경우가 있다. 이 경우 사용되는 어휘가 'it'과 'there'이다.

(1) 비인칭 주어, 'it'

일반적으로 대부분의 문장은 행위자를 나타내는 주어가 존재한다. 그러나 의미상 행위를 나타내는 주어가 없는 문장이 있다. 이 경우 문장 형식을 맞추기 위해 주어 자리를 채우는 단어를 비인칭 주어라고 하며 항상 'it'을 사용한다. 예를 들어 보자.

The couple love each other. (그 두 사람은 서로 사랑한다.)
My wife is cooking in the kitchen.
(내 아내가 부엌에서 요리하고 있다.)
I work in the factory. (나는 공장에서 일한다.)

위의 문장에서 모든 행위의 주체가 주어이다. 그러나 행위의 주체가 없는 문장도 있다.

다음 문장을 보자.

(　　) is a lovely day. (좋은 날씨다.) (날씨)
(　　) is half past ten. (10시 반이다.) (시간)
(　　) is Wednesday, July 30th.
([오늘은] 7월 30일, 수요일이다.) (요일)

( ) is about 3 kilometers from here to the bus station.

(여기에서 버스정류소까지는 약 3킬로다.) (거리)

How is ( ) going? (잘 돼 가니?) (상황)

위의 문장은 동사의 상태 또는 행위에 대한 주체가 되는 주어가 없는 문장이다. 이 경우 주어와 동사로 시작하는 어순언어인 영어는 반드시 주어자리를 채워야 하므로 대명사 'it'을 사용하여 주어 자리를 채운다. 이때 사용되는 'it'은 구체적인 의미가 없으므로 인칭도 없고 구조상으로 주어의 위치를 채우므로 비인칭 주어(impersonal subject)라고 한다. 비인칭 주어 'it'은 문법에서는 3인칭 단수로 취급한다.

이런 유형의 문장은 주로 날씨, 요일, 시간, 거리, 상황에 관련된 문장이다. 이런 유형의 문장에서는 일반적으로 강조하는 경우가 아니면 비인칭 주어 'it'을 사용한다.

(2) 가주어, 'it'

영어에서 주어가 길고, 술부가 짧을 때에는 문장의 균형을 맞추기 위해 주어를 뒤로 이동한다. 이 경우 빈 주어 위치를 채우기 위해 'it'을 사용한다. 이때 'it'을 형식주어(formal subject) 또는 가주어(placeholder)라고 한다.

To tell a lie is wrong. ⇒ ( ) is wrong to tell a lie.

⇒ It is wrong to tell a lie.

(거짓말하는 것은 나쁘다.)

물론 위치가 바뀌어도 해석은 같다. 우리말에는 가주어가 없다.

(3) 존재의 'there'

동사가 '있다'와 같이 존재를 의미를 지닌 동사일 경우 주어를 동사 뒤로 이동하고 주어 위치에 'there'를 쓴다. 이 'there'는 동사 뒤에 주어를 수반하므로 존재를 나타내는 'there' (existential 'there')라고 한다.

구체적으로 존재동사 'be'가 있는 문장을 보자.

> Some woman is in the waiting room.
> (어떤 여자가 대기실에서 있다.)
> Some people are in the waiting room.
> (몇몇 사람들이 대기실에 있다.)
> Long boots for the men were on the shelf.
>   주어   동사   전치사구
> (남자용 긴 부츠가 선반 위에 있었다.)

위의 문장에서 긴 주어 뒤에 존재를 나타내는 동사, 'be'(있다)가 있다. 이 경우 주어를 동사 뒤로 이동하고 주어 위치에 'there'를 쓴다.

> There is some woman in the waiting room.
> There are some people in the waiting room.
> There were long boots for the men on the shelf.

세 문장의 의미와 해석은 같지만, 후자는 형식적으로는 동사 앞의 'there'가 주어 구실을 한다. 또한 동사가 짧을 경우 주어를 동사 뒤로 이동하고 주어 위치에 'there'를 쓰기도 한다. 이 경우 'there'를 문장부사(introductory adverb) 또는 허사(empty word)라고도 지칭한다. 실제 동사의 수와 형태는 뒤에 수반되는 주어 명사에 의해 결정된다.

Only one leaf happens to be left.

⇒ There happens to be only one leaf left.

(단 하나의 잎밖에 남지 않았다.)

Two little naked elves came in.

⇒ There came in two little naked elves.

(두 명의 벌거벗은 꼬마요정이 들어왔다.)

❸ 목적어

주어를 서술하는 술부의 중심이 되는 단어가 동사다. 그리고 이 동사의 행위에 영향을 받는 대상을 동사의 목적어라고 한다. 다음 문장을 보자.

He works hard. (그는 열심히 일한다.)
The shoemaker smiled. (그 제화공이 웃었다.)

위의 문장은 주어의 영향을 받는 대상, 즉 목적어가 없다. 이런 동사를 자동사라 한다.

She likes apples. (그녀는 사과를 좋아한다.)
He cleaned his glasses. (그는 안경을 닦았다.)

위의 문장은 동사 뒤에 좋아하거나 닦는 대상, 즉 목적어가 있다. 이런 동사를 타동사라 한다.

목적어는 형태상 명사 또는 대명사의 목적격을 사용한다. 그리고 목적어가 주어 위치로 이동하는 수동태에서는 주어가 동사의 행위의 대상이 된다.

> <u>The shoemaker</u> made <u>the shoes</u>.
>
> (능동태; 그 제화공은 신발을 만들었다.)
>
> ⇒ <u>The shoes</u> were made by <u>the shoemaker</u>.
>
> (수동태; 그 신발은 제화공이 만들었다.)
>
> <u>He</u> wanted to amuse <u>him</u>. (대명사; 주어와 목적어는 다른 사람)
> 주어(주격)   목적어(목적격)
>
> (그는 그를 즐겁게 하고 싶었다.)
>
> <u>He</u> wanted to amuse <u>himself</u>.
> 주어(주격)   목적어(목적격)
>
> (재귀대명사; 주어와 목적어는 동일대상)
>
> (그는 즐기고 싶었다.)

❹ 보어

동사 뒤에 위치하며 주어 또는 목적어에 대한 동사의 설명을 보충해 주는 역할을 하는 단어를 보어(complement)라 한다. 보어는 문장의 필수요소로 생략할 수 없다. 다음 예문을 보자.

> The shoemaker smiled <u>brightly</u>. (그 제화공은 [환하게] 웃었다.)
>
> (부사, 'brightly'없이, 동사만으로 주어에 대한 설명이 충분하다.)
>
> The shoemaker felt <u>happy</u>. (그 제화공은 [행복하게] 느꼈다.)
>
> (동사, 'felt'만으로는 술부의 의미가 불완전하므로 'happy'가 추가되어야 한다. 따라서 'happy'로 인하여 술부의 의미가 완성되므로 'happy'는 보어이다.)

보어는 주로 명사(구) 또는 형용사(구)를 사용한다. 다음 예문을 보자.

He became <u>rich</u>. (형용사; 그는 부자가 되었다.)
He became <u>a millionaire</u>. (명사구; 그는 백만장자가 되었다.)
His idea made him <u>very rich</u>.
(형용사구; 그의 아이디어로 그는 매우 부유하게 되었다.)

❺ 수식어

문장에서 다른 성분을 수식하는 기능을 가진 부가적인 요소를 수식어(modifier)라 한다. 주로 부사(구, 절)와 형용사(구, 절), 또는 전치사구를 사용하며, 문장에서 생략하더라도 문장구조에 영향을 미치지 않는다.

The <u>little</u> elves made <u>long</u>, <u>glossy</u> boots <u>for the shoemaker</u>
　　　형용사　　　　　　 형용사　　형용사　　　　　　　 부사구

<u>at midnight</u>.
　 부사구

(그 작은 요정들은 한밤중에 그 제화공을 위해 긴 반짝이는 부츠를 만들었다.)

위의 밑줄 친 부분을 생략하면 세부적인 의미는 생략되지만, 문장구조상으로는 이상이 없다. 따라서 이 성분들은 수식어라 한다.

The elves made boots for the shoemaker.
(그 요정들은 그 제화공을 위해서 부츠를 만들었다.)

수식어는 수식받는 단어의 앞 또는 뒤에 위치할 수 있다. 다음 예문을 통해 수식어의 특징을 살펴 보자.

I found something special in the book.

(나는 그 책에서 특이한 것을 발견했다.)

We have our own special talent.

(우리는 고유의 특별한 재능을 가지고 있다.)

위의 문장에서 보면 수식어의 특징은 다음과 같다.

a. 의미; 다른 단어의 의미를 구체적으로 부가 또는 설명해 주는 의미를 지닌다.

b. 형태; 주로 형용사(구, 절), 부사(구, 절), 또는 전치사구(전치사 + 명사)의 형태를 가진다.

c. 기능; 다른 단어를 수식하는 기능을 가지며 문장의 필수 요소 는 아니다.

d. 관계; 수식하는 단어의 종류에 따라 앞 또는 뒤, 또는 문장 앞 또는 뒤에 위치한다.

 다음 문장의 각 성분을 문장에서의 역할에 따라 구분 하시오.

My wife prepared me a good dinner for me.

2.3. 문장의 끊어 읽기

영어는 순서에 따라 해석되는 어순언어이므로 문장은 끊어 읽으면 자연스럽게 해석이 된다. 대개 문장 성분에 따라 끊어 읽으면 읽기도 쉽고 외우고 말하기도 쉽다. 영어의 대부분의 문장들은 다음과 같은 방식으로 끊어 읽는다.

부사구　／　주부　／　술부　　　　　／ 부사구 [전치사구]
부사(구)　／　주어　／　동사 (목적어) (보어) / 부사구

Yesterday / many people / watched the students playing soccer / in the ground.
(어제 많은 사람들이 그 학생들이 운동장에서 축구하는 것을 지켜보았다.)

❶ 주어 앞의 부사(구)는 끊어 읽는다.
❷ 주어 뒤는 끊어 읽을 수 있다.
❸ 동사와 목적어/보어는 붙여 읽는다.
❹ 부사(구)는 끊어 읽을 수 있다.

*단 모든 성분은 길거나 강조할 때는 언제든지 끊어 읽을 수 있다는 점을 명심해야 한다.

끊어 읽기는 의미전달과 직결되므로 유의해서 읽어야 한다. 그렇지 않으면 '아버지 가방에 들어오셨다.'로 들리거나 청자가 이해하기 어려울 수 있다. 예를 들면 다음과 같은 문장도 끊어서 읽으면 쉽고 자연스럽게 의미해석이 이루어지는 것이다.

At midnight / the little elves / made long, glossy boots / for the shoemaker.

(한밤중에 / 작은 요정이 / 긴 반짝이는 부츠를 만들었다 / 그 제화공을 위해서)

Last evening / I bought a bottle of wine / at the super-market.

(어제 저녁 / 나는 포도주 한 병을 샀다 / 슈퍼마켓에서)

She gets home from work around 7, / and she takes a walk after dinner.

(그녀는 약 7시에 직장에서 집으로 와서, 저녁 후에 산책을 한다.)

영어의 어순을 기억하면서 위와 같은 방식으로 읽으면 영어가 명확히 해석되며, 문장의 암기도 쉬워진다. 위의 문장에서 보면, 영어는 대부분 주부, 술부, 전치사구로 의미그룹(cluster, chunk)이 형성되므로, 간단히 주어 앞, 전치사 앞, 접속사 앞에서만 끊어 읽으면 의미가 자연스럽게 이해되는 것을 알 수 있다.

실제 어순(word order)과 말뭉치(chunk, cluster)에 대해서만 알고 큰소리로 많은 자료를 읽고 암기하면 쉽게 유창한 영어를 구사할 수 있다. 예를 들어 앞에 언급한 아베 총리의 연설을 다시 한번 살펴보자.

① I am deeply pained / ② to think about the comfort women /
　　　주절　　　　　　　　　　　부사구(부정사의 부사적 용법)

③ who experienced immeasurable pain and suffering / ④
　　　　　형용사절

as a result of victimization / ⑤ due to human trafficking.
　　　부사구　　　　　　　　　　　　형용사구

① 나는 매우 가슴아프다 / ② 위안부에 대해 생각하면 / ③ 말할 수 없는 고통과 고생을 겪은 / ④ 희생된 / ⑤ 인신매매 때문에
(나는 인신매매에 의해 희생되어 말할 수 없는 고통과 고생을 겪은 위안부 여자에게 대해 생각하면 매우 가슴아프다; 이 문장은 의미상으로 '위안부'는 인신매매에 책임이 있다.)

우리말은 ⑤, ④, ③, ②, ① 또는 ①, ⑤, ④, ③, ②의 순서로 나열될 수 있다. 즉 단순히 어순뿐만 아니라 개념에서도 영어는 결과 + 원인으로 표현하고, 우리말은 원인 + 결과로 표현하는 것이다. 이 모든 것이 SVO 언어인 영어와 SOV 언어인 우리말의 차이, 즉 동사의 위치가 주어 뒤에 있느냐 문장 뒤에 있느냐의 차이에 기인된 것이다. 현재까지 근본적인 언어학습의 한계가 이 차이를 명확히 인식하지 못하고 지엽적인 문장 분석에 치우쳤기 때문일지 모른다. 그런 점에서 위의 간단한 차이점을 이해하고, 조기 학습 단계에서 쉬운 영어 동화를 큰 소리로 많이 읽으면 자연적인 영어 능력의 습득에 많은 도움이 될 것이다.

한편, 끊어 읽기가 문장해석에 결정적 영향을 미칠 수도 있다. 다음은 뉴욕타임즈의 저널리스트 Lynne Truss(2003)의 에세이에서 발췌한 문장이다.

a. Panda eats shoots and leaves.
   Panda eats, / shoots / and leaves.
   (판다는 먹고, 총쏘고, 떠난다.)
   Panda eats shoots / and leaves.
   (판다는 어린 순과 잎을 먹는다.)

b. A woman without her man is nothing.

A woman, / without her man, / is nothing.

(여자는 자기의 남자가 없으면 아무것도 아니다.)

A woman / : without her, / man is nothing.

(여자. 여자가 없으면, 남자는 아무것도 아니다.)

c. My mom says the man has no sense of humor.

My mom says / the man has no sense of humor.

(엄마는 그 남자가 유머감각이 없다고 말한다.)

My mom, / says the man, / has no sense of humor.

(엄마는, 그 남자가 말하기를, 유머감각이 없다고 한다.)

 다음 문장을 끊어 읽기를 이용하여 두 가지로 해석해 보시오.

The convict said the judge is mad.

Answer The convict said / the judge is mad.
(그 죄수는 판사가 미쳤다고 말했다.)

The convict, / said the judge, / is mad.
(그 죄수는, 판사가 말하기를, 미쳤다.)

---

1 다음 문장에 적합한 단어를 고르고, 품사와 문장성분을 쓰시오.

ex She appears (nervous, nervously) today.

정답: nervous (형용사, 보어)

1) This bread is really (good, well) for sandwiches.

2) We heard a noise and went downstairs (cautious, cautiously).

3) Our team got (lucky, luckily) yesterday. We finally won the game.

2 다음 부사구와 같은 의미를 가진 부사를 쓰시오.

ex The recruits cleared the area <u>with great speed</u>.

정답: rapidly

1) She speaks Japanese <u>with ease and without mistakes</u>.

2) He turned on the air conditioner <u>by mistake</u>.

3) In spite of the bad weather, the pilot landed the plane <u>without any problems</u>.

3 밑줄 친 부사구를 부사로 바꾸시오.

ex He washes his hair <u>every night</u>.   정답: nightly

1) She weighs herself <u>once a day</u>.

2) Do you get The Times <u>every month</u>?

3) We take a test <u>once a week</u>.

4) Doctors recommend a flu shot <u>once a year</u>.

5) The institute issues research reports <u>every three months</u>.

4 다음 문장에서 밑줄 친 부사(구)를 문두에 두고 다시 쓰시오.

> **ex** I had hardly left the guesthouse when I had to go back for my purse.
> ⇒ <u>Hardly</u> had I left the guesthouse when I had to go back for my purse.

1) We <u>not only</u> missed our plane, but we had to spend a night at the airport as well.

_____

2) I had <u>no sooner</u> complained than the parcel arrived.

_____

3) You will understand what true responsibility is <u>only</u> when you become a parent.

_____

5 보기와 같이 가주어 'it'을 사용하여 두 문장을 결합하시오.

> **ex** They won the game. We weren't surprised.
> ⇒ It didn't surprise us (that) they won the game.

1) He wasn't disappointed. He wasn't promoted.

_____

2) He is still studying. We are amazed.

_____

3) He's always late. I'm bothered by this.

_____

4) Minsu doesn't do his homework. His mother is disturbed.

_____

03 문장의 종류

하나의 독립된 생각(thought)을 전달하고 문장 종결부호가 있는 글을 문장이라 한다. 일반적인 평서문에는 주어와 시제가 포함된 동사가 있다.

영어 문장은 문장 기능(function), 문장의 구조(structure), 문장의 형태 (form)에 따라 구분할 수 있다. 문장 기능이란 문장이 지닌 의미상 역할에 따라 구분하는 것이다. 문장 구조란 동사를 기준으로 필요한 성분에 따라 구분하는 것이다. 문장의 형태는 한 문장에 포함된 절(clause)의 숫자와 문장 간의 관계에 따라 구분하는 것이다.

3.1. 기능적 분류

문장의 기능(function)은 말하는 사람의 의도에 따라 일반적으로 세 가지로 구분한다; 즉, 의문(question), 명령(command) 또는 요청(request), 단정(statement)으로 크게 구분한다. 이 기능에 따르면 일반적으로 의문은 의문문으로, 명령 또는 요청은 명령문으로, 단정은 평서문 (declarative sentence)으로 나타낸다.

The student works hard. (단정, 평서문; 그 학생은 열심히 공부한다.)
; 주어 + 동사의 어순을 가진다.
Work hard, please. (명령, 명령문; 제발 열심히 공부해라.)
; 주로 주어를 생략하고 동사원형으로 시작한다.

Could you work harder?

(의문, 의문문; 좀 더 열심히 공부할 수 있니?)

; 조동사 또는 'be'동사를 문장 앞으로 이동한다.

 다음 문장을 의문문, 명령문, 부정문 세 가지로 바꾸시오.

You use coins for the vending machine.

_____

_____

_____

(부정문) You don't use coins for the vending machine.
(명령문) Use coins for the vending machine.
Answer (의문문) Do you use coins for the vending machine?

3.2. 구조적 분류

　문장의 구조(structure)에 따른 분류는 동사가 필요한 문장 성분을 기준으로 분석하는 것이다. 일반적으로 학교문법에서 다루는 문장구조에 대한 구분은 덴마크의 영어학자 오토 예스퍼슨(Otto Jespersen, 1860~1943)의 구분방식을 이용하고 있다. 그는 평서문에서 동사가 필요한 **필수 요소(목적어, 보어)에 따라 문장을 다섯 가지 유형으로 분류**하였다. 여기에서는 주어와 동사가 있는 평서문 이외의 의문문, 명령문,

생략된 문장, 감탄문 등은 고려하지 않았다. 따라서 아래의 밑줄 친 문장은 분석대상이 아니다.

> 아내; **That's the phone.** (평서문; 전화 왔어요.)
> 남편; **In the bath.** (생략된 문장; 목욕탕에 있어요.)
> 아내; **Oh. May I answer?** (의문문; 오. 내가 받을까요?)
> 남편; **O.K.** (감탄문; 그래요.)

여기에서는 현대영문법을 종합한 Quirk et al(1985)에 나타난 구분을 기초로 간단히 설명하기로 한다. 이 구분 방법도 마찬가지로 동사의 필수성분이 무엇인가를 기준으로 구분한다. 즉, 평서문의 기본적인 필수 요소를 네 가지 – 주어(Subject; S), 동사(Verb; V), 목적어(Object; O), 보어(Complement; C) – 로 보고 여기에서 주어를 제외한 목적어와 보어의 필요 유무에 따라 문장의 유형을 다섯 가지로 구분한 것이다. 이제 동사를 기준으로 평서문의 문장구조를 간단히 살펴보자.

❶ 1형식 (SV형)

주어 + 동사만으로 의미가 완성되는 문장이다. 주로 동사 뒤에 부사(구)가 수반된다.

> **He works hard.** (그는 열심히 일한다.)
> **I am going to work late.** (나는 늦게까지 일할 것이다.)

❷ 2형식 (SVC형)

주어를 보충 설명하는 보어가 필요한 문장을 말한다. 보어로는 형용사, 명사, 분사, 장소의 부사구를 사용한다.

He is kind. (형용사 보어; 그는 친절하다.)

She is a scientist. (명사 보어; 그녀는 과학자다.)

He got dressed quickly. (과거분사; 그는 재빨리 옷을 차려입었다.)

The scene is amazing. (현재분사; 그 장면은 놀랍다.)

He gets to his office at 8 am.

(장소의 부사구; 그는 사무실에 8시에 도착한다.)

위의 밑줄 친 부분이 동사와 결합되어야 문장의 의미가 완성된다. 위의 마지막 문장의 장소의 부사구는 문장에 반드시 필요하므로 현대 영어에서는 보어로 간주한다.

❸ 3형식 (SVO형)

동사의 행위의 대상이 되는 목적어가 필요한 문장을 말한다.

He gets [rides] the 7:20 bus to town.

(그는 시내로 가는 7시 20분 버스를 탄다.)

He got [received] an e-mail from his friend.

(그는 친구로부터 이메일 한 통을 받았다.)

I got [bought] a small present for my wife.

(나는 아내를 위해 작은 선물을 샀다.)

❹ 4형식 (SVOO형)

동사의 행위에 대한 수혜자와 대상이 필요한 문장을 말한다. 이 경우 수혜자를 간접목적어, 대상을 직접목적어라고 한다.

She gets [prepares] her son sandwiches on Sunday
　　　　　　　　　　　　간접목적어　　직접목적어

mornings.
(그녀는 일요일 아침에는 그녀의 아들에게 샌드위치를 준비해 준다.)
⇒ She gets [prepares] sandwiches for her son on Sunday
　 mornings.

위의 두 번째 문장은 수혜자를 직접목적어 뒤에 두고 있다. 이 경우 반드시 전치사가 필요하며, 동시에 부사구로 처리되고 3형식 문장으로 본다. 왜냐하면 이 부분이 생략되더라도 아래와 같이 문장이 성립되기 때문이다.

She gets [prepares] sandwiches on Sunday morning.
(그녀는 일요일 아침에는 샌드위치를 준비한다.)

간접목적어를 뒤로 이동할 때 수반되는 전치사는 'to, for, of, on' 등으로 동사에 따라 다르므로 유의해야 한다. 다음 예문을 보자.

She gave me the book. (그녀는 그 책을 나에게 주었다.)
⇒ She gave the book to me.

The shoemaker made each customer a pair of boots.
(그 제화공은 각각의 고객에게 신발 한 켤레를 만들어 주었다.)

⇒ The shoemaker made a pair of boots **for** each customer.

The customers asked him the price.
(고객들은 그에게 가격을 물었다.)

⇒ The customers asked the price **of** him

The shepherd played the villagers the trick.
(그 양치기는 마을 사람들에게 거짓말을 했다.)

⇒ The shepherd played the trick **on** the villagers.

❺ 5형식 (SVOC)

동사가 목적어와 목적어를 보충 설명하는 목적보어가 필요한 문장을 말한다.

이 경우 주격보어와 마찬가지로 목적보어도 형용사, 명사, 분사, 부정사 등을 사용할 수 있다.

You shouldn't get your dress <u>dirty</u>. (형용사; 옷을 더럽히지 마라.)
They made him <u>Emperor</u>. (명사; 그들은 그를 황제로 만들었다.)
I get my hair <u>cut</u> once a month.
(과거분사; 나는 한 달에 한 번 머리를 깎는다.)
You will never get him <u>to understand</u>.
(부정사; 너는 그를 이해시킬 수 없을 것이다.)

보다 상세한 설명은 3부 4장의 동사 편에서 다루기로 한다.

다음 주어진 문장을 해석하고 구조적으로 몇 형식인지 구분하시오.

---

1) She made toward the door. _____

2) She will make a good wife. _____

3) She made a new pants. _____

4) She made me a new pants. _____

5) She made the room warm. _____

Answer 1) 1형식: 그녀는 곧 쪽으로 갔다. (made = went)

cf. (2형식으로 분석, 문제 해석 영어사회 응사원에 수원되는 정상이 무사지도 팀이면 구별되다.)
이 무사지도 팀이면 구별되다.)

2) 2형식: 그녀는 좋은 아내가 될 것이다. (make = become)

3) 3형식: 그녀는 새 바지를 만들었다. (made = produced)

4) 4형식: 그녀는 나에게 새로운 등산복 만들어 주었다. (made = prepared)

5) 5형식: 그녀는 그 방을 따뜻하게 했다. (made = got)

3.3. 형태적 분류

하나의 문장 속에 포함된 절(clause)의 숫자와 의미에 따라 문장을 분류하는 것이다. 그리고 절은 문장의 중심이 되는 주절과 주절을 보조하는 종속절로 나눈다. 영어문장은 형태상으로 네 가지로 나눈다.

❶ 단문(simple sentence)

하나의 (주)절로 이루어진 문장을 말한다.

A customer <u>came by</u>. (고객이 들렀다.)

❷ 중문(compound sentence)

의미상 대등한 역할을 하는 두 개 이상의 주절로 구성된 문장을 말한다.

<u>A customer came by</u>, and <u>he liked the shoes so much</u>.
　　　　주절　　　　　　　　　　　　　主절

(손님이 들렀는데 그 신발을 매우 좋아했다.)

반드시 주어가 별도로 있으며 주어가 하나이면 단문이 된다. 위의 문장에서 뒤의 주어를 생략해 보자.

<u>A customer</u> <u>came by and liked the shoes so much</u>. (단문)
　　주어　　　　　　　　　　　술부

❸ 복문(complex sentence)

문장의 중심이 되는 주절과 보조 역할을 하는 종속절(subordinate clause)로 이루어진 문장이다.

<u>A customer liked the shoes so much</u> <u>that he paid twice</u>
　　　　　주절　　　　　　　　　　　　　　　　종속절

<u>the usual price</u>.

(손님은 그 신발을 매우 좋아해서, 정상가의 두 배를 지불했다.)

❹ 혼합문(compound-complex sentence)

두 개 이상의 주절과 종속절로 이루어진 문장을 말한다.

A customer came by, and he liked the shoes so much
　　　주절　　　　　　　　　　주절

that he paid more than the usual price for them.
　　　　　　　종속절

(손님이 들렀는데 그 신발을 매우 좋아해서 정상가보다 더 많이 지불했다.)

　결국, 모든 문장은 하나 이상의 절로 구성되며, 절의 숫자와 의미관계에 따라 형태적인 구분이 가능한 것이다.

　영어 학습 과정에서 문장 해석을 위한 분석은 주로 문장을 구조로 분석한다. 그리고 긴 글을 쓰거나 에세이 시험에서는 형태적 분류를 고려해야 한다. 반면 효과적인 대화나 글의 의미전달에서는 기능적 분류도 중요한 역할을 한다.

　일반적으로 기초 문법에서의 문장 분석은 대체로 문장의 구조와 형태적 분석을 의미한다.

 EXERCISE 다음 두 개의 단문을 주어진 접속사를 이용하여 하나의 문장으로 만드시오.

John watched the TV program. He was eating dinner.　(while)

_____

Answer John watched the TV program while he was eating dinner.

연습문제

1 다음 두 문장을 결합하여 복문과 중문으로 만드시오.

ex She is very kind. Every man likes her.
⇒ (복문) Because she is very kind, every man likes her.
⇒ (중문) She is very kind, and every man likes her.

1) Sumi is a businesswoman. She works for a magazine.

_____

_____

2) Her work is difficult. She's good at her job.

_____

_____

3) She wants to keep it. She works very hard.

_____

_____

2 다음 문장을 형태에 따라 단문, 복문, 중문, 혼합문으로 구분하시오.

ex A good reading speed is about 300 words per minute. (단문)

1) How fast should you read? 2) There is no right answer to that question. 3) You should read different things at different speeds. 4) You can read quite fast if you're reading something you already know, but you may have to read slowly with new materi-

als. 5) Reading very slowly, however, does not always help you to understand better, because your mind can wanter when you read slowly. 6) You'll do much better if you keep your eyes and brain in gear and moving. 7) Very often you do not have to read every word to understand the message. 8) For example, if you are reading a story or if you are reading about a subject you know very well, you can get the gist without reading every word. 9) But when you read something new you have to read very carefully. 10) Then you should read with questions in mind to help you understand.

---

3 다음 문장을 'not' 또는 'no'를 이용하여 전환하시오.

> **ex** I have never been late for work.
> ⇒ I haven't ever been late for work.

1) I haven't done anything all morning.

---

2) I haven't seen anyone all day.

---

3) The child got dressed with no help from his mother.

---

4) I have been nowhere today.

---

5) I left home without any money in my pocket.

_____

4 다음 대화에서 'B'의 응답으로 적절한 것을 고르시오.

1) A: Minsu, you're wanted on the phone.

   B: (Coming, Going).

2) A: Can I borrow your car?

   B: How long (for, during)?

PART

3

품사론

여기서는 앞장에서 본 품사 - 명사, 대명사, 관사, 동사, 조동사, 형용사, 부사, 전치사, 접속사 - 의 의미와 형태, 문장 기능, 그리고 다른 단어와의 관계를 보다 구체적으로 살펴보기로 한다. 감탄사는 문장 구조와는 관계가 없으므로 생략하기로 한다.

01 명사

1.1. 명사의 종류

구체적 또는 추상적 대상(object)을 나타내며, 주로 사람, 사물, 장소, 사고(ideas)를 나타내는 단어를 명사라 한다. 명사는 의미에 따라 다음 5가지 종류로 구분한다.

구분	의미	형태	유형	예
보통명사	한정적	복수가능	구체적인 대상	boy(s), chair(s)
추상명사	비한정적 (추상적 사고)	단수	비한정된 대상	(He has much) experience.
	한정적	복수가능	구체적인 대상	(He has many) experiences.
물질명사	비한정적	단수	비한정된 대상	(I like) coffee.
	한정적	복수가능	구체적인 대상	(Bring us two) coffees.
집합명사	전체집단	단수	집단 중심	Our family has seven members.
	개별	복수가능	개체 중심	Our family are all well.
고유명사	단독	단수	하나밖에 없는 대상	Moon, Seoul

위의 표를 예를 들어 살펴보자.

❶ 보통명사(common noun); 구체적이며(concrete) 복수형도 가능

egg(s), eye(s), tree(s), customer(s), present(s)

❷ 고유명사(proper noun); 하나 밖에 없는 대상으로 항상 단수로 사용

Christmas, the Pacific Ocean, Moon, Seoul

❸ 추상명사(abstract noun); 추상적으로 셀 수 없다. 그러나 구체적으로 한정되면 보통명사로 처리되며 복수형도 가능하다.

price, honesty, love, difficulty, daybreak

I've had several odd experiences.

(구체적 경험; 나는 여러 가지 이상한 경험을 하였다.)

He hasn't had much experience.

(막연한 경험; 그는 경험이 많지 않다.)

I heard a strange noise in the forest.

(구체적 대상; 나는 숲 속에서 이상한 소리를 들었다.)

Noise is harmful to health.

(막연한 대상; 소음은 건강에 해롭다.)

His heart was light amid all his troubles.

(구체적 대상; 그는 마음은 모든 근심거리에도 불구하고 가볍다.)

He caused us some trouble.

(막연한 대상; 그는 우리에게 근심을 끼쳤다.)

추상명사도 보다 구체적으로 수량을 구분할 경우에는 kind(종류), piece(조각), type(유형), pair(짝)와 같은 단위를 나타내는 명사를 사용해서 나타낼 수 있다.

He gave a piece [two pieces] of useful advice.
(그는 나에게 한 가지 [두 가지] 유익한 조언을 하였다.)

❹ 물질명사(material noun); 덩어리(mass)로 셀 수 없다. 그러나 구체적으로 한정되면 보통명사로 취급되며 복수형도 가능하다.
coffee, water, money, leather, air

I like coffee. (막연한 대상; 나는 커피를 좋아한다.)
I like Colombian coffees best.
(구체적인 대상; 나는 콜롬비아 커피를 가장 좋아한다.)
Please bring us two coffees.
(구체적인 대상; 커피 2잔[2캔]을 가져오너라.)

추상명사와 마찬가지로 구체적으로 구분할 경우에는 kind(종류), piece(조각), type(유형), pair(짝)와 같은 단위명사를 사용해서 나타낼 수 있다.

She got a piece [a kind] of potato cake for my birthday.
(그녀는 내 생일에 한 조각[어떤 종류의] 감자 케이크를 샀다.)

❺ 집합명사(collective noun); 집단을 나타내는 명사를 지칭한다.

family, committee, audience, faculty

집단 전체를 하나의 단위로 취급하면 단수로 처리하고, 집단 속의 개별 구성원을 나타내면 군집명사(noun of multitude)로서 복수형으로 처리한다. 둘 다 가능하면 단수와 복수 둘 다 사용할 수 있다. 다음 문장을 보자.

a. 상황에 따라 단수, 복수 둘 다 가능하다.

The audience is/are waiting for his speech.

(관중[들]이 그의 연설을 기다리고 있다.)

My family were/was invited to the party.

(나의 가족 [개개인]이 파티에 초대를 받았다.)

b. 전체를 기준으로 할 때는 집합명사로 단수로 처리된다.

There was a large audience in the theatre.

(극장에 대관중이 있었다.)

My family consists of seven members.

　　　　　　　　　　　　　　　(단수, 주어인 가족전체 단위)

(내 가족은 일곱 명으로 구성되어 있다.)

c. 개별 구성원을 의미할 때는 군집명사로 복수로 처리된다.

The audience are all excited.

(청중은 모두 흥분하였다; 흥분하는 것은 사람이다.)

My family work very hard.

(내 가족은 열심히 일한다; 일하는 것은 개개의 구성원이다.)

1.2. 명사의 수와 격

명사는 수와 격에 따라 형태가 달라진다.

❶ 명사의 복수형

명사의 복수형을 만드는 방법은 다음 표와 같다.

구분	명사의 어미	복수형	
규칙 변화	자음일 경우	–s	books, cups, pencils, desks, stickers, windows
	s, z, x, ch, sh	–es	buses, buzzes, boxes, watches, mosses, churches
	f, fe	–ves	wolf – wolves, wife – wives leaf – leaves, life – lives
불규칙 변화	y	–ies, –s	baby – babies, hobby – hobbies toy – toys, boy – boys
	o	–es, –s	potato – potatoes, memo – memos
	단수와 복수가 같은 단어		sheep – sheep, deer – deer series – series, species – species
	단수형이 없는 단어		scissors, trousers, pinchers, bellows cattle, measles, mumps

그 외 불규칙적으로 변하는 여러 가지 명사는 외워두는 것이 좋다.

man – men, deer – deer, junk food – junk foods

❷ 명사의 소유격

문장에서 단어가 가지는 역할을 격(case)이라고 한다. 따라서 명사가 주어 자리에 사용되면 주격, 목적어자리에 사용되면 목적격, 소유관계를 나타내면 소유격(possessive case)을 사용한다. 주격과 목적격 명사는 형태가 변하지 않지만, 소유격은 다음 두 가지 방식으로 나타낸다.

(1) 's로 나타내는 경우;

　a. 주로 생물에 사용한다.

　the man's shirt, the shoemaker's glasses, Sharon's birthday

　b. 지명, 건물, 시간, 거리, 무게, 금전과 같은 측정단위(measure)을 나타내는 명사.

　Asia's future, the school's history, one hour's rest

　cf. 복수 명사는 아포스트로피(') 만 붙이고 s는 생략한다.

　three days' absence, ten minutes' rest, five dollars' worth

(2) 'of'로 나타내는 경우;

a. 무생물의 소유격은 'of'를 사용한다.

the title of the book [*the book's title], the legs of my table [*my table's leg], the doors of the house

b. 명사 앞에 관사 또는 수사(numeral)가 있는 경우.

I met my friend [my friends].

I met a friend of mine [*my a friend, *a my friend] in the street.

(이 경우에는 'of' 뒤에 소유대명사를 사용한다.)

I met two friends of mine [*my two friends].

cf. 명사를 수식하는 형용사 기능을 할 경우 반드시 단수형을 사용한다.

I often hear nine o'clock news.

(나는 종종 9시 뉴스를 듣는다.)

The boy is five years old. = He is a five-year-old boy.
　　　　　　　형용사 수식　　　　　　　　　명사수식

mad cow disease(광우병), bird flu(조류독감)

English history teacher (영국역사 선생님, 영국인 역사선생님)

EXERCISE 다음 문장에서 틀린 부분을 고치시오.

1) The police is chasing the thief.
2) I bought a pant.
3) Where is the scissors?

Answer 1) is → are (집합명사)
2) a pant → a pair of pants (복수형 명사)
3) is → are (복수형 명사)

1.3. 명사의 기능

❶ 명사는 문장에서 주어, 목적어, 보어로서의 기능을 가진다.

The <u>man</u> was the <u>shoemaker</u> who made a pair of <u>boots</u>
　주어　　　　　　　　보어　　　　　　　　　　　　　　　목적어

for each <u>elf</u>.
　　(전치사의) 목적어

❷ 수식어와 달리 문장의 필수요소이므로 생략할 수 없다.

<u>The girl</u>

<u>The</u> black–eyed <u>girl</u>

<u>The</u> black–eyed <u>girl</u> in blue jeans

<u>The</u> black–eyed <u>girl</u> wearing blue jeans

<u>The</u> black–eyed <u>girl</u> who is wearing blue jeans is my friend.

(청바지를 입고 있는 검은 눈을 가진 <u>그 소녀</u>는 내 친구다.)

다음에서 맞는 것을 고르시오.

1) (Ski, Skiing) is exciting.
2) I want to go on (a trip, a travel) in the summer.
3) My hometown is in (the country, countryside).

 Answer 1) Skiing(스키타기는 재미있다.)
2) go on a trip(여행하다, 나는 여름에 여행하고 싶다.)
3) in the country(내 고향은 시골이다.)

1.4. 일치 관계

명사는 문장에서 다른 성분과 다음과 같은 일치 관계를 가진다.

❶ 주어 명사는 술부 동사와 대명사의 성과 수에 일치해야 한다.

The <u>shoemaker</u> <u>leaves</u> <u>his</u> presents on the shelf.
　　　단수　　　　단수　단수

The <u>elves</u> <u>leave</u> <u>their</u> presents on the shelf.
　　　복수　　복수　복수

❷ 명사의 성질에 따라 수식하는 형용사가 달라진다.

She reads <u>many [*much]</u> <u>books</u>.
　　　　　수　　　　　　수

Don't eat too <u>much [*many]</u> <u>bread</u>.
　　　　　　　　양　　　　　　양

EXERCISE 다음 문장을 문법에 맞게 고치시오.

1) Some Korean people like thing that comes from foreign countries.

2) English newspapers is difficult to read.

3) Women hate cockroach.

1) _____

2) _____

3) _____

1 밑줄 친 형용사절을 동격(appositive)의 명사구로 바꾸시오.

> **ex** Capt. Park, who is a Navy pilot, plans to retire in March.
> ⇒ Capt. Park, a Navy pilot, plans to retire in March.

1) The Kims are going to Turkey between July and October, which is the tourist season.

_____

2) The July storm, which was the worst of the season, caused extensive damage to the crops.

_____

3) Minsu, who is their only son, is joining the navy next month.

_____

2 주어에 일치하는 동사형을 고르시오.

> **ex** Most of our students (come, comes) to school on foot.
> 정답: come

1) All of his past experience (has, have) contributed to his present success.

2) Most of the dishes served at the banquet (was, were) quite spicy.

3) Some of the details of the plan (require, requires) clarification.

3 다음은 차와 교통에 대한 표현이다. 연어 관계(collocation)가 맞는 명사를 고르시오.

ex You can buy a car from a (dealer, merchant).   정답: dealer

1) We can't drive a car without a (licence, diploma).

2) Fasten your (security, safety) belt.

3) What (mark, make) is your car?

4) How loud is your (horn, buzzer)?

5) You need a parking (permit, permission) to park here.

6) You need real (skill, art) to drive a vehicle.

7) There's so much (traffic, travel) on modern roads.

8) What's the speed (limitation, limit)?

9)·What's the quickest (road, route) to the downtown area?

10) I lost control and hit the (curb, edge).

11) There's a (mistake, fault) in the system somewhere.

4 다음에서 적당한 명사형을 고르시오.

ex Do you need any (help, helps)?   정답: help

1) She's done a lot of (shopping, shoppings).

2) I suddenly heard (loud laugh, a loud laugh) from the room next door.

3) A lot of people don't eat (pork, pig).

4) We sell all kinds of (cloth, cloths).

5) We've had (very good weather, a very good weather) lately.

5 다음에서 올바른 명사형을 고르시오.

ex She went for a (five-mile, five-miles) running.

정답: five-mile

She walked (five mile, five miles).   정답: five miles

1) It was one of the most exciting (game, games) that I've ever watched.

2) The electric toaster is one of the earliest (appliance, appliances) to be developed for the kitchen.

3) Many kinds of (vegetable, vegetables) are grown in the valley.

4) Around seventy five (percent, percents) of the earth's surface is covered by water.

5) The office has a computer, a phone, a table and chairs, and (office supply, office supplies).

02 관사

2.1. 관사의 종류

    관사는 지시하는 대상을 한정해 주는 한정어(determiner)로서 항상 명사 앞에 사용되며, 그 명사가 정해진(정관사 'the' 사용)것인지 또는 정해지지 않은 것(부정관사 'a(n)' 사용)인지를 나타낸다. 정해진다는 의미는 이미 확인된 것이나 또는 듣는 사람도 알고 있는 대상을 의미한다. 반대로 정해지지 않았다는 것은 확인된 것이 아니거나 또는 듣는 사람이 모르는 것을 의미한다.

    Have you seen <u>a bicycle</u>?

    (정해지지 않음; 자전거 한 대 보았니?)

    Have you seen <u>the bicycle</u>?

    (정해져 있으며 상대도 알고 있음; 그 자전거 보았니?)

    관사의 형태와 성질은 따라 다음과 같이 분류할 수 있다.

	셀 수 있는 단수명사	셀 수 있는 복수명사	셀 수 없는 명사
부정관사	a + 자음 소리 an + 모음 소리	무관사	무관사
정관사	the	the	the

여기에서 자음 소리란 철자가 아닌 발음을 의미한다. 예를 들어 다음 단어를 보자.

an hour [auə]; 이 단어는 'h'가 묵음이므로 모음소리로 시작된다.
an FBI agent [ən ef bi: ai]; 'F[ef]'로 발음되므로 모음소리다.
a FIFA official [ə fi:fə]; 'F'가 자음으로 발음된다.

 다음 문장에 들어갈 적절한 관사를 고르시오.

1) When I was a child, I lived in (a, the) country.
2) Please put it in (a, the) refrigerator.
3) There is someone at (a, the) front door.

Answer 1) the (관용구) 2) the (정해진 대상) 3) the (정해진 대상)

실제로 관사의 용법은 언어관습에 많이 좌우되지만, 일반적인 사항만 간단히 정리하면 다음과 같다.

❶ 부정관사의 용법

부정관사는 기본적으로 비한정적이면서 다음과 같이 다양한 의미와 역할을 한다.

의미	용법	예문
a certain (어떤)	정해지지 않은 대상	A man is standing over there. (어떤 남자가 저기에 서 있다.)
one (하나)	수적 의미	We can't master English in a day. (영어를 하루에 숙달할 수 없다.)
all, any (총칭)	전체적 의미	A dog is a faithful animal. (개는 충실한 동물이다.)
some (얼마)	양적 의미	He was sitting for a time. (그는 얼마 동안 앉아 있었다.)
per (매)	단위를 의미함	Take the medicine three times a day. (매일 세 번 그 약을 복용하시오.)
same (같은)	같은 종류, 주로 속담	Two of a trade seldom agree. (같은 장사를 하는 두 사람은 마음이 맞지 않는다.)
관용적으로 사용		He was at a loss. (그는 어쩔 줄 몰랐다.)

❷ 정관사의 용법

정관사는 기본적으로 한정적이지만 다음과 같은 여러 가지 의미와 역할을 가진다.

용법과 의미	예문
문맥에서 정해진 대상	The lamp on the desk is brand-new. (책상 위의 램프는 새것이다.)
유일한 것	the sun(태양), the universe(우주)
고유명사 앞	The United States, The Pacific Ocean
악기 앞	She enjoys playing the ocarina. (그녀는 오카리나를 연주하기를 좋아한다.)
단위를 나타내는 경우	Sugar is sold by the gram. (설탕은 그램당 판다.)
서수 및 형용사의 최상급	the first prize(일등상), the most interesting news(가장 재미있는 뉴스)
신체의 부분을 표시할 때	He kissed his wife on the cheek. (그는 자기 아내의 뺨에 키스를 했다.)
공공장소	the bank(은행), the post office(우체국)
선박의 이름	the Titanic, the Queen Mary
관용적 용법	I usually get up early in the morning. (나는 대개 아침 일찍 일어난다.)

신체의 일부를 나타내는 방법은 다음 두 가지가 있다.

I shook his hand. (나는 그와 악수했다.)

I shook him by the hand. (사람 + 전치사 + 신체의 위치)

단, 명사에 별도의 수식어가 있으면 분리해서 쓴다.

The wanted man has a big scar on the left cheek [*the left cheek's big car].

(그 수배자는 왼쪽 뺨에 큰 흉터가 있다.)

My wife complains of a pain in her ankle [*her ankle's pain].

(나의 아내는 발목이 아프다고 불평한다.)

❸ 무관사

다음과 같은 경우는 관사를 사용하지 않는다.

용법	예문
비한정된 물질명사와 추상명사	Milk is good for you. (우유는 좋다.) She's got black hair. (그녀는 머리가 검다.)
동격으로 직위, 신분, 친척을 나타낼 때	Elizabeth, Queen of Great Britain; Dr. Hwang, professor of English; Arthur, nephew of the king
고유의 기능을 나타낼 때	He goes to church on Sunday. (그는 일요일에 교회에 간다.) I go to school at 7 a.m. (나는 7시에 학교에 (공부하러) 간다.)
스포츠 종목 앞	He plays tennis well. (그는 테니스를 잘한다.)
교통, 통신 수단	by bus [taxi, subway], on foot, by e-mail
도치된 양보구문	Boy as he was, he takes care of his family. (그는 소년이지만, 자신의 가족을 돌본다.)
관용구	get out of bed, feel at home

단, 수반되는 명사가 직위 신분이 아닌 단순한 설명의 기능이면 관사를 사용한다.

He is a researcher for Survival International Institute, **a global charity** for threatened indigenous peoples.

(그는 위협받고 있는 토착 종족을 위한 세계적 자선단체인, 국제생존협회의 연구원이다.)

❹ 부정관사와 무관사의 관계

의미가 유사한 단어라도 보통명사나 추상명사/물질명사로 구분되는 경우가 있다. 보통명사로 분류되면 부정관사나 복수형을 사용할 수 있지만, 추상명사/물질명사로 분류되면 부정관사 또는 복수형을 쓸 수 없다. 구분 방법은 그 말을 사용하는 사람들의 관습 또는 관념에 좌우되므로 외워 두는 것이 편리하다.

셀 수 있는 명사(count noun) / 셀 수 없는 명사(noncount noun)
climate / weather, laugh / laughter, human being / humanity, job / work, machine / machinery, snowflake / snow, sunbeam / sunlight(sunshine), traffic jam / traffic

ex

- This city has a good climate / good weather. (기후 / 날씨)
  (이 도시는 기후 / 날씨가 좋다.)
- A laugh / Laughter is the best medicine.   (웃는 것 / 웃음)
  (웃는 것 / 웃음은 가장 좋은 약이다.)
- We got stuck in a traffic jam / heavy traffic.   (교통체증)
  (우리는 교통체증에 갇혀 있다.)
- A machine / Machinery in the factory needs to be fixed.
  (기계 / 기계류)
  (공장에 있는 기계 / 기계류는 고칠 필요가 있다.)
- A sunbeam / Sunlight slants through the west window.
  (햇살 / 햇빛)
  (햇살 / 햇빛이 서쪽 창으로 기울고 있다.)
- I am looking for a job / work.   (직장 / 일)
  (나는 직장 / 일을 찾고 있다.)

❺ 총칭적 용법

관사를 이용하여 집단 전체(generic)를 나타내는 방법은 다음과 같다.

형태	예문
A + 보통명사	A Korean is diligent. A dog is faithful.
the + 보통명사의 단수 또는 복수	The Koreans are diligent. The dog is faithful. The dogs are faithful.
보통명사의 복수	Koreans are diligent. Dogs are faithful.
무관사 + 물질명사	Rice is essential for Koreans. (쌀은 한국인에게 필수적이다.)

대개 주어 위치에서는 위의 모든 경우에 전체를 나타낼 수 있지만, 목적어로 되면 'the + 명사' 만 전체를 나타낼 수 있다.

She studies the musical drama.

(전체적 의미; 그녀는 뮤지컬 드라마를 연구한다.)

She studies a musical drama.

(단수[a certain]; 그녀는 어떤 뮤지컬 드라마를 연구한다.)

She studies musical dramas.

(복수[some]; 그녀는 뮤지컬 드라마들을 연구한다.)

1) I like to listen to (무관사, the) music.
2) She likes to play (무관사, the) ocarina.
3) He likes to play (무관사, the) tennis.

Answer 1) 무관사(추상명사)(추상명사 뜻) 2) the(악기 뜻) 3) 무관사(운동경기 뜻)

2.3. 성분 관계

❶ 의미관계

관사는 명사 또는 형용사와 결합하여 다양한 의미를 가질 수 있다.

형태	의미	예문
the + 보통명사	추상명사	The pen is mightier than the sword. (문은 무보다 강하다.) (Communication is more effective than direct violence.)
the + 형용사	추상명사	The beautiful is more valuable than the true. (아름다움은 진실보다 가치가 있다.) (Beauty is more valuable than truth.)
	복수보통명사 (사람들)	The rich need to help the poor. (부자들은 빈자들을 도울 필요가 있다.) (Rich people need to help poor people.) The wounded were more than the missing. (부상자가 행방불명자보다 더 많았다.) (Wounded people were more than missing people.)
a(n) + 추상명사	보통명사 (단수)	He met a blonde beauty yesterday. (그는 어제 금발미녀를 만났다; a beautiful blonde woman.) His car is a real beauty. (그의 차는 진짜 멋진 차다; a real beautiful car.)

❷ 위치관계

일반적으로 관사는 명사(구)의 가장 앞에 위치하지만, 다음과 같은
단어와 함께 사용될 경우에는 수식하는 형용사 뒤에 위치한다.

a. 부분과 전체를 나타내는 한정어; all, both, half

All (the) girls, half an hour

Both the horses are ready to ride.

(그 말 두 마리는 탈 준비가 되어 있다.)

b. 감탄을 나타내는 형용사; such, what + 부정관사 + (형용사) +
명사

She is a very kind girl. (그녀는 매우 친절한 소녀이다.)

= She is such a kind girl. (〃   )

He is such a fool. What a mess he made!

(그는 매우 어리석다. 그는 큰 실수를 하였다.)

c. so, as, too, how + 형용사 + 부정관사 + 명사

She is a very wise girl. (그녀는 매우 현명한 소녀다.)

= She is so wise a girl. (〃   .)

It was a very lovely day. (매우 좋은 날이었다.)

= It was so lovely a day. (〃   .)

You can't imagine how wonderful a sight it was.

(it was a really very wonderful sight.)

(그것이 얼마나 아름다운 광경이었는지를 너는 상상할 수 없다.)

He is <u>as great</u> a scientist as has ever lived.

= He is one of the greatest scientists that have ever lived.

(그는 여태까지 생존했던 가장 위대한 과학자 중의 한사람이다.)

It was <u>too difficult a</u> problem for me to solve.

= It was a very difficult problem that I could not solve it.

(그것은 내가 풀기에는 너무 어려운 문제였다.)

 다음 문장에 들어갈 적절한 관사를 고시오.

1) There is often a gap between (a, the) rich and (a, the) poor.
2) She was (a, the) beauty in her days.
3) (An, The) innocent are often deceived by (an, the) unscrupulous.
4) Politics is said to be the art of (a, the) impossible.
5) (A, The) beautiful is higher than (a, the) true.

1 다음 문장에 적절한 말을 고르시오.

ex A man wearing (stylish hat, a stylish hat) is standing at the door.   정답: a stylish hat

1) I am working on (difficult task, a difficult task), and I need help with it.

2) Sam is taking classes in geography, math, and science as well as holding (part–time job, a part–time job).

3) We would like to buy a van that has (enough space, an enough space) for a family of six.

4) The family likes pets; they have turtles, parakeets, snakes, cats and (large dog, a large dog).

5) Plants need (water and air, the water and air) to grow.

6) You have (opportunity, an opportunity) to attend a one–time event.

7) He made a mistake, but it was (a, an) honest mistake.

2 다음 글을 읽고 올바른 표현을 고르시오.

Every morning when I wake up I take ① (bath, a bath) before getting dressed. Sometime I take ② (shower, a shower) instead, but if I've got up late I just have ③ (time, a time) for ④ (wash, a wash). I like to wash my hair everyday as well. Washing and keeping clean is one of ⑤ (pleasures, the pleasures) of life.

3 다음 편지에서 괄호 속에 적절한 관사를 고르시오.

Hi Minsu,

Sorry I haven't been in touch for ① (a, an) while, but I have big news. I got ② (a, the) job that I told you about, so I'm selling my house! You know that ③ (an, the) housing market is very tough right now, but I'm happy because there is already ④ (a, the) couple who are interested in my place. ⑤ (The, A) potent buyers are coming over in two weeks. I want to stage the house so that everything looks perfect. I'm wondering if you might be able to help me. so I thought I'd tell you what I'm planning.

03 대명사

3.1. 대명사의 종류

독자적인 의미가 없이 선행하는 명사(구) 또는 문장을 대신하는 단어이다. 대명사는 다음과 같이 여러 종류가 있다.

❶ 인칭대명사; 사람을 가리킨다.

  I, we, you, he, she, they 등

❷ 재귀대명사; 하나의 절 내부에서 같은 명사 대신 사용하며, 단수는 'self', 복수는 'selves'를 첨가한다.

  You should dress up <u>yourself</u> quickly. (너는 빨리 정장을 해라.)

  Come on in and make <u>yourselves</u> at home.

  (너희들 들어와서 편하게 있어라.)

❸ 소유대명사; 명사를 대신하고 소유의 의미를 동시에 지닌 대명사이다.

  mine, yours, his, theirs 등

❹ 지시대명사; 사람, 사물을 지시하는 대명사이다.

this, that, it, such 등

❺ 부정대명사; 정해지지 않은 대상을 가르킨다.

all, something, one, either, some 등

❻ 의문대명사; 의문의 의미를 지닌 대명사

who, what, whom, what 등

❼ 비인칭대명사; 주어가 없는 문장에서 형식상 주어의 위치를 채우는 대명사

it

위의 여섯 종류의 대명사 중에서 인칭대명사만이 유일하게 격(case), 수(number), 성(sex)에 따라 형태가 변하므로 외우고 있어야 한다.

인칭대명사의 형태

인칭 \ 격	주격	소유격	목적격	소유대명사	재귀대명사
1인칭	I	my	me	mine	myself
	we	our	us	ours	ourselves
2인칭	you	your	you	yours	yourself(단수) yourselves(복수)
3인칭	he	his	him	his	himself
	she	her	her	hers	herself
	it	its	it		itself
	they	their	them	theirs	themselves

다음 예문을 보자.

<u>I</u> often overeat <u>myself</u>. (나는 종종 과식한다.)

<u>He</u> and <u>his</u> wife hid <u>themselves</u> in a corner of the room.

주격   소유격   재귀대명사

        주어

(그와 그의 아내가 방구석에 숨었다.)

That wasn't his fault. It was <u>mine</u> [my fault].

(소유격 + 대명사 = 소유대명사)

(그것은 그의 과실이 아니다. 그것은 나의 과실이다.)

I'm looking for <u>a friend of hers</u> [*a her friend] who lives here.

(나는 여기에 사는 그녀의 친구 한 명을 찾고 있다.)

cf. 관사와 소유격은 함께 쓸 수 없다.

 다음 문장의 빈 칸에 들어갈 재귀대명사(Reflexive Pronoun)를 쓰고 문장을 해석하시오.

1) When I am stressed, I tend to overeat (   ).
2) Take it or leave it. Please (   )!
3) Count up to ten if you feel (   ) getting angry!

1) _____

2) _____

3) _____

Answer 1) myself. 나는 스트레스를 받으면 과식을 경향이 있다.
2) yourself. (재밌다면) 받아들이든 말든, 너 마음대로 해라.
3) yourself. 화가 나면 10까지 세어라.

3.3.1. 재귀대명사의 용법

재귀대명사의 용법은 재귀용법과 강조용법으로 구분된다.

❶ 재귀용법(reflexive use)

하나의 절 내부에서 선행 명사와 같은 대상을 가리키며, 문장에서 필수 성분으로 사용될 때 재귀용법이라고 한다. 이때 반드시 주어의 성, 수, 인칭과 일치해야 한다.

He saw himself in the mirror.

(주어와 일치; 그는 거울 속의 자신을 보았다.)

He saw him in the mirror.

(주어와 다른 대상; 그는 거울 속의 그 사람을 보았다.)

He saw her [*herself] in the mirror.

(그는 거울 속에서 그녀를 보았다.)

Freeing himself from debts, Tom felt happy.

(분사구문의 생략된 주어[Tom]와 동일 인물이다; 빚에서 해방되자, 톰 은 기뻤다.)

Freeing him from debts, Tom felt happy.

(분사구문의 생략된 주어[Tom]과 다른 인물이다; 그 사람을 빚에서 구 해주어, 톰은 기뻤다.)

We often think too much of ourselves.

(우리는 종종 우리 자신을 대단하게 생각한다.)

Help yourselves! [*ourselves! *themselves!]

(많이 드세요.)

She wanted John not to overeat himself [*herself].

(부정사의 의미상 주어는 'John'이므로 'himself'를 쓴다; 그녀는 존이 과식하지 않기를 바랐다.)

Mr. Kim's confidence in himself is well known.

('Mr. Kim'과 'himself'는 동일인이다; 김씨의 자신감은 잘 알려져 있다.)

cf. 인칭이 혼합되면 1인칭, 일인칭이 없으면 2인칭을 사용한다.

You and me [I] shouldn't deceive ourselves [*yourselves].

(여러분과 나는 우리자신들을 속이지 않아야 한다; 오늘날에는 이 경우 'I' 대신 'me'도 많이 사용한다.)

You and Minsu shouldn't deceive yourselves [*themselves].

(너와 민수는 너희들 자신들을 속이지 않아야 한다.)

❷ 강조용법(emphatic use)

동일 명사(구)를 강조하며, 문법적으로 생략이 가능하며, 문 뒤로 이동도 가능하다.

You yourself should deal with the problem.

You should deal with the problem yourself. (문미로 이동)

(너는 스스로 그 문제를 처리해야 한다.)

I'd prefer <u>you</u> to do the job <u>yourself</u> rather than to leave
it to others.

(나는 그 일을 다른 사람에게 맡기기보다 너 자신이 하기를 원한다.)

3.3.2. It의 용법

대명사, 'it'의 기능은 크게 지시 기능과 문장 기능으로 구분할 수
있다.

❶ 지시기능(referring it)

앞에 나온 명사(구), 문장, 또는 다수의 문장을 가리키는 기능을 가
진다.

① She made <u>some soup</u> and gave <u>it</u> to the children.

(명사구 대용)

(그녀는 수프를 만들어, 그것을 아이들에게 주었다.)

② Rome was sacked by the Visigoths in 410 AD. It was
the end of the Roman Empire.　　　　　(앞 문장 대용)

(로마는 기원 후 410년에 서고트 족에 약탈당했다. 그것이 로마제
국의 최후였다.)

③ <u>Many students never improve. They get no advice
and therefore keep repeating the same mistakes.</u> It's
a terrible shame.

(앞의 상황 대용, 이 경우 'it' 대신 주로 'that'을 사용한다.)

(많은 학생들이 향상되지 않는다. 그들은 조언을 받지 못하여 같은
실수를 되풀이 한다. 그것은 매우 수치스러운 일이다.)

❷ 문장기능

주어가 없는 문장에서 형식주어 – 비인칭 주어 또는 가주어 – 로 사용되며, 독자적인 의미없이 문법적인 기능만 가진다. 이 용법은 다음 네 가지로 구분된다.

a. 비인칭 주어, 'it'

날씨, 시간, 거리 또는 상황을 나타내는 문장에서 주어 위치를 채우는 기능을 한다. 이 경우 의미와 인칭이 없으므로 비인칭 주어라고 한다.

It is getting brighter and brighter. (날씨; 점점 밝아지고 있다.)

It takes you two days to make one pair of shoes.

(시간; 신발 한 켤레를 만드는데 이틀 걸린다.)

(You should spend two days to make one pair of shoes.)

It is all over with him. (상황; 그는 이제 다 끝났다.)

b. 가주어 또는 가목적어, 'it'

주어나 목적어가 문장 뒤로 이동했을 때 빈 자리를 채우기 위해 사용한다.

It is true that stress can cause cancer.

(스트레스가 암을 유발하는 것은 사실이다.)

It is up to us to change things we don't like.

(우리가 좋아하지 않는 것을 변화시키는 것은 우리에게 달려 있다.)

I make it a rule to get up early in the morning.

(나는 아침 일찍 일어나는 것을 규칙으로 한다.)

c. 강조구문에 사용된다; 'it be + 강조되는 성분 + that'의 구문에서 사용된다.

It was Mr. Kim that [who] rang the bell.

(벨을 누른 것은 김씨였다.)

(Mr. Kim himself rang the bell.)

d. 관용구에 사용된다.

We live in a world where only the strongest makes it to the top.

(succeed; 우리는 가장 강한 자만이 최고로 성공하는 세상에 살고 있다.)

I can't make it at 6. (come; 나는 6시에 올 수 없다.)

3.3.3. 지시대명사의 용법

대표적인 지시대명사인 'that [those]'과 'this [these]'의 용법은 다음과 같다.

a. 대상을 지시 또는 지적할 때 사용한다.

This is Miss Kim. (남에게 소개할 때; 김양입니다.)

This is Sumi. Is this Kilsu? (전화에서; 수미입니다. 길수니?)

b. 정해지지 않은 대상을 가르킬 때 사용한다.

Come and have a look at this. (와서 이것을 보시오.)

Can I borrow these? [these books, these tools 등]

(이것들을 빌릴 수 있니?)

c. 명사구를 대용(pro-form)할 수 있다.

This chair is more comfortable than that [that one].

(이 의자는 저것보다 훨씬 더 편리하다.)

Those apples are sweeter than these [these ones].

(저 사과는 이것보다 더 달다.)

d. 전치사구의 수식을 받는 명사구 대신 사용한다.

The climate here is like that of Paris.

('climate'가 셀 수 없는 명사이므로 'the one'은 불가. 또한 'of'의 수식을 받아 한정되면 'one'은 쓸 수 없다.)

(이 곳의 기후는 파리의 기후와 같다.)

e. 앞 또는 뒤에 나오는 구, 문장, 단락을 대신하여 사용된다.

① 앞 문장의 구를 대용

I like to give the customers my best food. And that takes time.

(나는 고객들에게 가장 좋은 음식을 제공하고 싶다. 그리고 그것은 시간이 걸린다.)

② 앞 문장 대용

They won the baseball game. That pleased my son.

(그들이 그 야구시합을 이겼다. 그것은 나의 아들을 기쁘게 했다.)

③ 앞의 상황 또는 단락 대용

Many years ago, their wives quarreled over some

trivial matter. But one word led to another, and the quarrel developed into a permanent rupture between them. That's why the two men never visit each other's house.

(수년 전에 그들의 아내는 사소한 문제로 다투었다. 그러나 말이 꼬리를 물어, 다툼이 그들 간의 영구적인 불화로 발전하였다. 그것이 두 사람이 서로 간의 가정을 방문하지 않는 이유이다.)

④ 뒤따르는 문장 또는 상황를 나타낸다.

He began the story like this: 'Once upon a time there was an old fox ...'

(그는 이야기를 다음과 같이 시작했다. '옛날에 늙은 여우가 있었다...')

⑤ 후자(this)와 전자(that)의 의미로 사용된다.

Work and play are both necessary to our life; this [the latter, play] gives us rest, and that [the former, work] gives us energy.

(일과 놀이는 둘 다 우리 인생에 필요하다; 놀이는 우리에게 휴식을 주고, 일은 우리에게 활력을 준다.)

3.3.4. 부정대명사의 용법

비한정적인 대상을 가르키는 대명사를 부정대명사라고 한다. 대표적으로 'one'의 용법과 'some'과 'any'의 관계를 살펴보자.

❶ 'One'의 용법

a. 모든 사람을 총칭(generic)해서 사용한다.

I like to dress nicely. It gives <u>one</u> confidence. (formal)

(일상영어에서는 'one' 대신 'you'를 흔히 사용한다.)

(나는 옷을 잘 입는 것을 좋아한다. 그것은 사람에게 자신감을 준다.)

b. 비한정 명사구 [a + 명사]를 대신한다.

A: Please give me some nails. I need <u>one</u>. [a nail]

(나에게 못 몇 개를 달라. 나는 한 개가 필요하다.)

B: I'll give you <u>some</u> soon. [some nails]

(곧 몇 개 줄게.)

c. 셀 수 있는 명사구의 명사를 대신한다.

A: Do you have any kitchen knives? I need a sharp one [kitchen knife].

(너 부엌칼 있니? 나는 잘드는 것이 하나 필요하다.)

B: I can get you several sharp ones, but this is the best one I have.

(날카로운 칼을 여러 개 줄 수 있어. 그러나 이것이 내가 가진 가장 좋은 것이다.)

단, 셀 수 없는 명사는 'some'을 사용한다.

Shall I pass the butter? Or have you got <u>some</u> [*one] already?

some butter

(버터 줄까요? 아니면, 이미 가지고 있어요?)

d. 두 개 이상을 대조할 때 사용한다.

I saw two suspicious–looking man. (The) one went this way, and the other that way.

(나는 두 명의 수상하게 보이는 사람을 보았다. 한 사람은 이쪽으로 가고, 다른 사람은 저쪽으로 갔다.)

One of his eyes is better than the other.

(그의 한쪽 눈은 다른 쪽 눈보다 좋다.)

He overtook one car after another [the other].

(그는 차를 차례차례 추월했다.)

e. 'one'을 대신하는 소유격은 'one' 또는 'his, her' 두 가지다.

One must be careful about one's investments. (영국식)

his/her investments. (미국식)

(사람은 자신의 투자에 대해 주의해야 한다.)

❷ some [somebody, someone]과 any [anybody, anyone]의 용법

다소 복잡하지만 참고로 알아두면 유용하다.

a. 'some'은 형용사 또는 대명사로 사용되며, 복수명사와 셀 수 없는 명사 둘 다에 사용된다.

Some rolls have been eaten.

= Some of the rolls have been eaten.

(복수명사; 롤빵 몇 개를 먹었다.)

Some bread has been eaten.

= Some of the bread has been eaten.

(셀 수 없는 명사; 빵 좀 먹었다.)

b. 'some'은 긍정문과 의문문에, 'any'는 부정문과 의문문에 주로 사용된다.

She bought some apples. (그녀는 사과를 몇 개 샀다.)

She didn't buy any apples. (그녀는 사과를 사지 않았다.)

Did she buy any/some apples? (그녀는 사과를 몇 개 샀느냐?)

Didn't she buy any apples? (그녀는 사과를 사지 않았느냐?)

c. 의문문에 'some'을 사용하면 부탁, 권유, 기대를 표시한다.

Would you like some (more) wine? (포도주 좀 드실래요?)

Did somebody call last night?

(전화를 기대함; 어제 밤 누가 전화 안했니?)

Did anybody call last night?

(단순한 확인; 어제 밤 누가 전화했어?)

d. 'some'은 모르는 대상을 나타내는 'a certain(어떤)'의 의미로는 의문문에도 사용될 수 있다.

Did you see some strange man (or other) looking over the hedge?

(너는 어떤 낯선 사람이 담장 너머로 살펴보는 것을 보았니?)

I heard that some rare animal (or other) has escaped from the zoo.

(나는 희귀동물이 동물원에서 탈출했다고 들었다.)

e. 부정어 또는 다음과 같이 부정의 의미를 가진 문장에는 대개 'any'를 사용한다.

부정어(negative words); never, no, neither, nor 등

부정의 부사와 형용사; hardly, little, few, only, seldom 등

부정의 의미를 가진 단어(implied negatives); just, before, fail, prevent, reluctant, hard, difficult, too ~ to 등

The man will **always** manage to do **something** useful.

(그 사람은 항상 유익한 일을 할 것이다.)

The man will **never** manage to do **anything** useful.

(그 사람은 결코 유익한 일을 하지 않을 것이다.)

There is a **good** chance **somebody** would come.

(누군가가 올 가능성이 많다.)

There was **little** chance **anybody** would come.

(누군가 올 가능성이 거의 없다.)

She is **eager** to read **some** books.

(그녀는 책을 읽고 싶어한다.)

She is **reluctant to** read **any** books.

(그녀는 책을 읽기 싫어한다.)

She is **too** lazy to read **any** books.

(그녀는 너무 게을러 책을 읽지 않는다.)

The government can **prevent any** demonstrations.

(정부는 시위를 금지할 수 있다.)

f. 비교급에는 주로 'any'를 사용한다.

Freud contributed more than anyone to the under-
standing of dreams.

(프로이드는 꿈의 이해에 누구보다도 더 기여를 하였다.)

Freud contributed more than any other psychologist
to the understanding of dreams.

(프로이드는 꿈의 이해에 어떤 심리학자보다 더 기여를 하였다.)

Nobody contributed as much to the understanding of
dreams as Freud.

('*Anybody didn't contribute...'는 불가; 'any' 뒤에 부정의 'not'은
쓰지 않는다.)

(누구도 프로이드만큼 꿈의 이해에 기여를 하지 않았다.)

 괄호 속에, 'one, ones, 생략'을 넣어 문장을 완성
하시오.

---

1) I think his best novels are his early (   ).
2) Each winter seems to be warmer than the last (   ).

Answer 1) ones (복수명사 대응)
2) 생략 (추상명사 대응불가, 단, 뒤대명응아이로 가이에서 등의
'one, 등 쓸 수 있어 사용함)

한 문장에서 명사와 대명사가 동일한 대상(coreference)을 나타내기 위해서는 다음 규칙을 따라야 한다.

    a. 대등 접속사가 있는 문장에서는 대명사는 반드시 명사 뒤에 와야 한다.

My mother felt upset, and [but] she said nothing.

(공통지시 가능)

(나의 어머니는 기분이 언짢아서[언짢았지만], 아무 말도 하지 않았다.)

She felt upset, and [but] my mother said nothing.

(공통지시 불가능)

(그녀는 기분이 언짢아서[언짢았지만], 나의 어머니는 아무 말도 하지 않았다.)

    b. 종속 접속사가 있는 문장에서는 명사가 주절에 있거나, 또는 문장 앞의 종속절에 있으면 공통지시가 가능하다.

Although my mother felt upset, she said nothing.

(공통지시 가능)

(나의 어머니는 기분이 언짢았지만, 아무 말도 하지 않았다.)

Although she felt upset, my mother said nothing.

(공통지시 가능)

My mother said nothing although she felt upset.

(공통지시 가능)

She said nothing although my mother felt upset.

(공통지시 불가능)

(나의 어머니는 기분이 언짢았지만, 그녀는 아무 말도 하지 않았다.)

다음 문장에서 앞의 명사에 일치하는 대명사를 고르시오.

1) Although their visas will expire in July, they will have (it, them) extended for one year.
2) In spite of (its, their) small size, these cameras take good pictures.

1 다음 대화를 'something, anything, nothing'으로 채우시오.

ex Do you want _____ to drink?

정답: something 또는 anything

No, I don't want anything.

1) Tom: Do you want _____ for lunch?

Ted: Yes, I want some chicken soup.

2) Tom: Would you like something for dessert?

Ted: No, I don't want _____. Thank you.

3) Tom: Do you have something to say?

Ted: No, I don't have _____ to say.

4) Tom: What's the matter with Mary?

Ted: I think _____ is wrong with her.

5) Clerk: Would you like to buy_____ ?

Customer: Nothing, thank you.

2 다음 문장에서 앞의 명사에 일치하는 대명사를 고르시오.

ex Miss Kim is interested in physics and (its, it's) applications.

정답: its

1) Those of us who are over sixty should get (our, their) blood pressure checked regularly.

2) Our neighbors know that when they go on vacation, we will get (its, their) mail for them.

3) A mother who works outside the house should prepare for emergencies when she cannot take care of (her, their) sick child.

3 다음 부정대명사에 일치하는 동사형에 밑줄을 치시오.

ex Either of these buses (go, <u>goes</u>) past my apartment.

1) Everyone who majors in architecture and fine arts (study, studies) history.

2) Neither Canada nor Mexico (require, requires) that citizens of the United States (has, have) a visa.

3) The first three problems are quite difficult, but the rest (is, are) easy.

4) Each of the diamond produced artificially (has, have) (its, their) own distinct structure.

5) Although maple trees are among the most colorful varieties in fall, they lose (its, their) leaves sooner than oak trees.

4 다음은 소유대명사 또는 소유형용사(possessive pronoun or adjective)를 포함하고 있는 문장이다. 틀린 곳을 고치세요.

ex Your explanation is, in mine opinion, a bit weak.

정답: mine → my

1) We must do our part to encourage ours teammates.

2) I am worried about both his response and her.

3) She lost her notes, so she asked to borrow me.

4) It was my mistake and not you.

5) Your answer is better than her.

5 다음 문장의 빈 칸에 들어갈 재귀대명사(reflexive pronoun)를 쓰고 문장을 해석하시오.

ex I hope you all enjoy (　　) at the meeting.

정답: yourselves

1) I hope you will all amuse (　　) constructively while I'm out.

_____

2) Take care you don't overdo it and tire (　　).

_____

3) You can't prevent babies from wetting (　　).

_____

4) You can't have a shower without wetting (　　) all over.

_____

5) She conducted (　　) with great dignity.

_____

6) Mind you don't burn (　　) on that hot pan!

___

7) I feel I have to excuse (　　) for my bad behaviour last night.

___

8) He wishes his wife wouldn't keep repeating (　　).

___

6　다음 글을 부정대명사의 의미에 유의해서 해석하시오.

There was an important work to be done before sunset. Their boss asked all of his five employees to work together. **Everybody** was sure **somebody** would do it. **Anybody** could have done it, but **nobody** did it. **Somebody** got angry about that because it was **everybody**'s job. **Everybody** thought **anybody** could do it, but **nobody** realized that **everybody** wouldn't do it. **Everybody** ended up blaming **somebody** when **nobody** did what **anybody** could have done!

Finally **everybody** was fired and regretted not having worked together.

04 동사

동사는 주어의 상태 또는 행위를 서술하며, 술부의 중심으로 문장구조를 결정한다.

4.1. 동사의 종류와 형태

4.1.1. 자동사와 타동사

문법적으로 동사는 크게 자동사와 타동사로 구분한다. 그러나 하나의 동사가 둘 다로 사용될 수 있으며, 이 경우 구조와 의미가 달라질 수 있다. 이를 구체적으로 살펴보자.

❶ 동사가 자동사와 타동사 둘 다로 사용되는 경우

구체적으로 'get'을 예로 들어 보자.

(1) 자동사로 사용되는 경우

　　a. 도착하다(to arrive at a place)

　　　He got home late last night.

　　　(그는 어제 밤 늦게 집에 도착했다.)

b. 나아가다(make progress)

At last he is getting somewhere with his work.

(드디어 그의 일이 진전되고 있다.)

c. 되다(became)

The shepherd boy got bored. (그 양치기는 지루해졌다.)

(2) 타동사로 사용되는 경우

a. 받다(to receive or be given)

He got a new bicycle for his birthday.

(그는 생일에 새 자전거를 받았다.)

b. 얻다(to obtain through effort, chance, etc.)

She has got a good job at last.

(그녀는 마침내 좋은 직업을 구했다.)

c. 벌다(to earn or gain [something])

How much does he get [=make] a month?

(그는 한 달에 얼마를 버느냐?)

d. 사다(to buy or pay for [something])

He got a new car at a great price.

(그는 좋은 가격에 새 차를 샀다.)

e. 하게 하다(to cause to be in a certain condition)

You should try to get things done quickly.

(너는 일을 빨리 하도록 노력해야 한다.)

f. 타다(to ride on)

He got on the bus quickly. (그는 재빨리 버스를 탔다.)

❷ 하나의 동사가 자동사로 사용되면 주로 본질적 성질 또는 상황을 나타내며, 타동사는 사용되면 행위 또는 동작을 나타낸다. 그리고 수동형으로 사용되면 행위의 결과 또는 상태를 나타낸다.

> **ex** begin, bend, break, close, open, sell, read 등

Glass breaks easily. (성질; 유리는 잘 깨진다.)
The glass is broken. (결과, 상태; 그 유리잔은 깨어졌다.)
You shouldn't break the glass. (행위; 유리잔을 깨어서는 안된다.)

The door closes so quickly. (성질; 문이 너무 빨리 닫힌다.)
The door is closed. (결과, 상태; 문이 닫혔다.)
She closed the door. (행위; 그녀는 문을 닫았다.)

This book reads [is written] like a lecture.
(성질; 이 책은 강연처럼 쓰여져 있다.)
She reads a lot of novels. (행위; 그녀는 많은 소설을 읽는다.)

All items in the mall are selling at half price.
(상황; 그 상가의 모든 품목은 반값으로 팔리고 있다.)
The grocery store sells all kinds of food.
(행위; 그 식료품점은 온갖 종류의 식품을 팔고 있다.)

4.1.2. 동사의 형태와 발음

❶ 동사의 형태

동사는 용법에 따라 다음 5가지 형태를 가지고 있으며, 규칙적으로
변하는 동사와 불규칙적으로 변하는 동사로 나눌 수 있다.

형태	규칙동사		불규칙동사		
기본형 (= 동사원형)	call	want	speak	cut	win
기본형 + s	calls	wants	speaks	cuts	wins
기본형 + ing (현재분사)	calling	wanting	speaking	cutting	winning
기본형 + ed (과거형)	called	wanted	spoke	cut	won
기본형 + ed (과거분사)	called	wanted	spoken	cut	won

(1) 기본형(동사원형)의 용법

a. 기본형은 3인칭 단수를 제외한 모든 현재시제에 사용된다.

I [You, We, They] call my[your, our, their] parents reg-
ularly.

(나[당신, 우리, 그들]는 규칙적으로 부모님께 전화한다.)

b. 명령문에 사용된다.

Call me at once. (즉시 나에게 전화해라.)

c. 요구, 명령, 제안 동사의 목적절에 사용된다.

She demanded [proposed, requested] that I call her
regularly.

(그녀는 내가 규칙적으로 그녀에게 전화하기를 요구[제안, 요청]했다.)

d. 조동사 뒤에 사용된다.

She may call you tonight.

(그녀는 오늘 밤 너에게 전화할지 모른다.)

e. 'to' 부정사 (to + 동사원형)에 사용된다.

She wants you to call. (그녀는 네가 전화하기를 바란다.)

(2) 기본형 + s

삼인칭 단수에 사용된다.

She calls me every week. (그녀는 매주 나에게 전화한다.)

(3) 기본형 + ing(현재분사)

a. 진행형에서 'be' 동사 다음에 사용된다.

He is calling her now. (그는 지금 그녀에게 전화를 걸고 있다.)

b. 능동의 분사구문에서 사용된다.

Calling at night, I found him at home. (When I called at night...)

(밤에 전화를 걸어서, 나는 그가 집에 있는 것을 알았다.)

(4) 기본형 + ed(과거형)

과거시제에 사용된다.

He called me yesterday. (그는 어제 나에게 전화를 했다.)

(5) 기본형 + ed(과거분사)

a. 완료시제에 사용된다.

He has called twice today. (그는 오늘 두 번 전화했다.)

He had called before he left for London.

(그는 런던으로 가기 전에 전화했다.)

b. 수동태에서 사용된다.

Her dog is called Jong. (그녀의 개는 종이라고 불린다.)

c. 수동의 분사구문에서 사용된다.

Called early, he ate a quick breakfast. (As he was

called early, ...)

(일찍 전화[소집]를 받고, 그는 빨리 아침을 먹었다.)

❷ 동사의 발음

규칙변화를 하는 동사의 발음은 다음과 같다.

(1) 3인칭 단수(기본형 + s)의 발음

– 치찰음 [s, z, ʧ, ʤ, ʃ, ʒ] 다음에는 [iz]로 발음한다.
  passes, buzzes, catches, budges, pushes, camouflages

– 모음과 유성음(voiced sound) 다음에는 [z]로 발음한다.
  calls, flees, robs, tries

– 치찰음 이외의 모든 무성음(voiceless sound) 다음에는 [s]로 발음한다.
  cuts, locks, hops, coughs

– 몇 가지 동사는 불규칙적으로 발음된다.
  say[sei] – says[sez], do[du] – does[dʌz]

  cf. 치찰음은 '치음과 마찰음'이 합쳐진 소리다.

(2) 과거, 과거분사(동사 + ed)의 발음

– 치조음 [d], [t] 다음에는 [id]로 발음한다.
  send – sended, pat – patted, study – studied

– 모음과 (치조음 이외의) 유성음 다음에는 [d]로 발음한다.
  sued, buzzed, called, towed, budged

– (치조음 이외의) 무성음 다음에는 [t]로 발음한다.
  passed, packed, looked 등

– 불규칙 동사는 별도로 외워야 한다.
  bend – bent, feel – felt, have – had, get – got 등

(3) 자음 중복

분사(-ing) 또는 과거형(-ed) 앞의 자음 중복에 대한 규칙은 대체로 다음과 같다.

① 마지막 모음이 강세(stress)를 받고, 자음으로 끝나면 마지막 자음이 중복된다.

bar – barred – barring, beg – begged – begging,
occur – occurred – occurring

마지막 모음의 철자가 두 개이거나, 마지막 모음이 강세를 받지 않으면 중복되지 않는다.

dread – dreaded – dreading, enter–entered–entering,
visit – visited – visiting

② 모음 + c로 끝나면 마지막 자음은 'ck'로 변한다.

panic – panicked – panicking, traffic – trafficked – trafficking

(4) 철자 '-e'의 탈락과 'es'

① 과거형(-ed) 앞의 'e'는 탈락하고 'ed'를 붙이고, 분사(-ing) 앞의 'e'는 탈락한다.

create – created – creating, shave – shaved–shaving,
bake – baked – baking, type – typed – typing

② 치찰음, 's, t, ch, sh, x'과 모음 'o' 다음에는 '-es'를 붙인다.

pass – passes, buzz – buzzes, watch – watches,

wash – washes, go – goes, do – does, echo –echoes,

veto – vetoes

(5) 철자 '-y'의 변화

① 자음 + y에서는 'y'는 'ied, ies'로 바뀐다.

carry – carries – carried, try – tries – tried

② 모음 + y에서는 'ed'만 붙인다.

stay – stays – stayed, alloy – alloys – alloyed

물론 예외도 있다.

pay – paid, lay – laid, say – said

③ 현재분사 'ing'앞에서는 변하지 않는다.

carry – carrying, try – trying, stay – staying

 다음 문장에서 틀린 부분을 고치시오.

1) He doesn't want to marry with her.
2) He got married with a Japanese woman.
3) I met her shortly after I joined to the club.

앞장에서 본 바와 같이 동사를 기준으로 한 문장구조는 다섯 가지 형식으로 분류된다. 여기서는 보다 자세히 살펴보기로 하자. 먼저 문장성분은 주어(subject, S), 동사(verb, V), 목적어(object, O), 보어(complement, C), 부사어구(adverbial, A)로 나누어진다. 앞의 끊어 읽기에서 본 바와 같이, 동사를 기준으로 한 영어의 모든 절의 구조는 다음과 같다.

(부사[구]) 주어 (부사) 동사 (간접목적어) (직접목적어) (보어) (부사[구])
(A) S (A) V (O) (O) (C) (A)

위의 구조에서 보는 바와 같이 부사(구)는 이동이 자유롭지만 본동사와 목적어 또는 보어 사이에는 오지 않는다는 점을 유의해야 한다. 동사는 목적어의 유무에 따라 자동사와 타동사로 나누고, 보어의 유무에 따라 완전동사와 불완전동사로 나눈다. 하나의 동사가 자동사 또는 타동사로도 사용될 수 있다. 위의 구조를 기준으로 평서문은 다음 다섯 가지 유형으로 구분된다.

(1) SV(A)형

주어와 동사만으로 문장이 완성되며 부사(어)가 올 수 있다. 목적어 또는 보어가 필요없으므로 이런 동사를 완전자동사라고도 한다.

He is eating ravenously. (그는 게걸스럽게 먹고 있다.)
They are playing in the ground. (그들은 운동장에서 놀고 있다.)

Dinner is cooking. (저녁식사가 요리되고 있다.)

The door opened. (문이 열렸다.)

위의 자동사에 대해서는 세 가지 부가적인 설명이 필요하다.

a. 위의 자동사도 타동사로 사용될 수 있다.

He is eating lunch. (그는 점심을 먹고 있다.)

They are playing soccer in the ground.

(그들은 운동장에서 축구하고 있다.)

My wife is cooking dinner. (아내가 저녁을 요리하고 있다.)

My key opened the door. (열쇠로 문을 열었다.)

b. 자동사도 보어 역할을 하는 부사어가 필요한 경우가 있다. 다음 문장에서 밑줄 친 부사(구)가 없으면 문장의 의미가 불완전하게 되는 것을 알 수 있다. 이런 점이 문장을 5가지 유형으로 단순화하는데 따른 문제점 중의 하나이다.

The sentence reads [is written] clearly.

(상태 부사; 문장이 분명하게 쓰여져 있다.)

My shirt washes easily. (성질 부사; 내 셔츠가 쉽게 빨아진다.)

I usually get to the office at 7 am. (장소의 부사구)

(나는 대개 오전 7시에 사무실에 도착한다.)

c. 자동사도 주로 형용사로 된 보어를 가질 수 있다. 이 경우 불완전 자동사로 분류된다.

He lay flat. (그는 뻗어 누웠다.)

He stood motionless. (그는 꼼짝 않고 서 있었다.)

The sun is sinking low. (태양이 낮게 지고 있다.)

(2) SVC형

보어가 필요한 문장으로 이 경우 보어는 주로 명사(구) 또는 형용사(구)가 사용된다.

> **ex** be, become, appear, look, taste, turn, seem, feel 등

He is a salesman.

Leaves turn yellow in fall.

불완전 자동사도 의미에 따라 완전자동사로 사용될 수 있다.

He <u>appears</u> happy. (seem)

(불완전자동사; 그는 행복하게 보인다.)

He <u>appeared</u> suddenly. (came, showed up)

(완전자동사; 그는 갑자기 나타났다.)

(3) SVO형

목적어가 필요한 동사로 완전타동사라고 한다. 목적어로는 명사(구, 절), 동명사, 부정사, 동종목적어(동사의 명사형)를 취할 수 있다.

> **ex** have, like, know, hit, marry, say 등

a. 명사(구) 또는 명사절이 목적어로 사용되는 경우

A lion is chasing <u>deer</u>. (사자가 사슴을 추적하고 있다.)

Every morning the goose laid a golden egg.

(매일 아침 그 거위는 황금알을 낳았다.)

We think that smoking causes heart disease.

(흡연이 심장병을 유발한다고 우리는 생각한다.)

b. 동명사가 목적어로 사용되는 경우

The garden needs watering. (정원에 물을 줄 필요가 있다.)

I enjoy meeting new people.

(나는 새로운 사람들을 만나는 것을 즐긴다.)

c. 부정사가 목적어로 사용되는 경우

I like to study Buddhism.

(나는 불교를 공부하는 것을 좋아한다.)

She plans to travel to Turkey.

(그녀는 터키에 여행할 것을 계획하고 있다.)

d. 동족목적어(cognate object)가 사용되는 경우

동사가 자신과 같은 어원과 의미를 지닌 명사를 목적어로 취할 수 있다. 이 경우에 동사는 타동사로 처리된다.

I'm trying to think positive thoughts. (think positively)

(나는 적극적인 생각을 하려고 노력하고 있다.)

She lived a happy life. (lived happily)

(그녀는 행복한 삶을 살았다.)

She smiled a shy, nervous smile. (smiled shyly and nervously)

(그녀는 수줍고 불안한 미소를 지었다.)

e. 관용표현에서는 동사구 전체를 타동사로 처리하기도 한다.

I **am looking forward to** seeing you this evening.

(오늘 저녁 당신을 만나기를 기대합니다.)

Some Koreans **adjust to** working hard.

(몇몇 한국인들은 열심히 일하는데 적응되어 있다.)

I don't **feel like** exercising today.

(오늘은 운동을 하고 싶지 않다.)

We should **take full advantage of** our life.

(우리는 우리의 삶을 충분히 이용해야 한다.)

(4) SVOO형

주어 + 동사 + 간접목적어 + 직접목적어로 된 4형식 문장이다. 직접목적어를 받는 대상인 간접목적어가 있으므로 이런 동사를 여격동사(dative verb)라고 한다. 여격이란 준다(give)는 의미이다.

> **ex** give, ask, lend, pass, tell, show, write, send, get 등

He bought his wife a birthday present.

(그는 그의 아내에게 생일선물을 사 주었다.)

He sent his members an e-mail.

(그는 회원들에게 이메일을 보냈다.)

She poured me a drink. (그녀는 나에게 마실 것을 부어주었다.)

– 대부분의 여격동사는 간접목적어를 생략하고 완전타동사로 쓸 수 있다.

He bought a birthday present. (그는 생일 선물을 샀다.)

He sent an email. (그는 이메일을 보냈다.)

She poured a drink. (그녀는 마실 것을 부었다.)

– 간접목적어를 문장 뒤로 이동하여 전치사구(부사구)로 만들 수 있다.

이 경우 사용되는 전치사는 4가지 종류가 있다.

a. 전치사 'to'를 사용하는 동사; give, tell, read, pass, offer, owe, show, send, write 등

He sent his members an email.

⇒ He sent an email to his members.

She reads her child storybooks every night.

⇒ She reads storybooks to her child every night.

(그녀는 매일 밤 아이에게 동화책을 읽어 준다.)

I wish all of you a safe journey.

⇒ I wish a safe journey to [for] all of you. (전치사구)

⇒ I wish all of you will make[take] a safe journey.

(목적어를 절로 변경)

(나는 여러분 모두가 안전한 여행을 하기를 바란다.)

b. 전치사 'for'를 사용하는 동사; buy, make, cook, prepare 등

He bought his wife a birthday present.

⇒ He bought a birthday present for his wife.

(그는 그의 아내에게 생일선물을 사 주었다.)

cf. 'envy'와 같은 동사는 구조적으로는 둘 다 직접목적어로 처리되며 다음과 같은 변할 수 있다.

They envied him his success. (그들은 그의 성공을 시기한다.)

⇒ They envied him for his success.

(뒤에 오는 목적어를 전치사구로 변경)

They envied his success. (앞의 목적어 생략)

They envied him. (뒤의 목적어 생략)

cf. 전치사 'of'를 사용하는 동사; ask, beg, inquire 등과 같은 요구의 의미를 지닌 동사

She asked me a question.

⇒ She asked a question of me.

(그녀는 나에게 질문을 했다.)

d. 전치사 'on'을 사용하는 동사; play

The boss played his employees a trick.

⇒ The boss played a trick on his employees.

(그 사장은 그의 고용인들을 속였다.)

e. 두 가지 방법으로 고칠 수 있는 동사; tell, blame, supply, strike 등

He told only his wife the secret.

(그는 그의 아내에게만 그 비밀을 말했다.)

⇒ He told the secret only to his wife.

⇒ He told only his wife about the secret.

*He supplied[provided] us the latest news.

(간혹 미국 영어에서는 사용)

⇒ He supplied us with the latest news.

(그는 우리에게 최근 소식을 주었다.)

⇒ He supplied the latest news for[to] us.

Fate often strikes us a heavy blow.

(종종 우리는 심한 운명적 재난을 당한다.)

⇒ Fate often strikes a heavy blow on[against] us.

cf. 'blame'과 같은 동사는 4형식으로 쓸 수 없고 반드시 전치사를 수반한다.

*He blamed his wife the divorce.

⇒ He blamed the divorce on his wife.

(그는 이혼을 자신의 아내 탓으로 돌렸다.)

He blamed his wife for the divorce.

(5) SVOC형

주어 + 동사 + 목적어 + 목적보어로 된 5형식을 취하는 불완전 타동사를 말한다.

불완전 타동사는 목적어와 목적어를 보충하는 목적보어가 필요한 동사다. 목적보어로는 명사(구), 형용사, 전치사구, 부정사, 분사 등이 사용된다.

We elected her (to be / as) our class president. (명사구)

(우리는 그녀를 우리반 반장으로 선출했다.)

They named the ship Titanic. (명사)

(그들은 그 배를 타이타닉으로 명명했다.)

We painted the wall white. (형용사)

(우리는 그 벽을 하얗게 칠했다.)

We should put milk in the refrigerator. (장소의 전치사구)

(우리는 우유를 냉장고에 두어야 한다.)

불완전 타동사에는 사고동사, 사역동사, 지각동사 등 세 가지 유형
이 포함된다.

　　a. 사고동사; think, suppose, imagine, believe, guess 등 생각을
　　　　나타내는 동사

　　　　목적보어로 명사, 형용사, 부정사를 가질 수 있다.

　　　　We think him a talented man.

　　　　(우리는 그가 재능이 있는 사람이라고 생각한다.)

　　⇒ We think him talented.

　　⇒ We think him to be talented.

　　cf. '간주하다, 인정하다'는 의미를 가진 사고동사들은 목적보어
　　　　앞에 'as'를 붙인다; regard, think of, look upon, consider,
　　　　acknowledge, strike(떠오르다), define, identify 등

　　　　She regards him as a companion.

　　　　(그녀는 그를 동료로 간주한다.)

　　　　We regard a man of sixty as being in the prime of life.

　　　　(우리는 60대의 남자를 생의 전성기에 있다고 간주한다.)

We struck him as a very friendly person.

(그는 매우 다정한 사람이라는 인상이 들었다.)

cf. 'consider'는 다음 세 가지 형태를 지닐 수 있다.

She consider him a companion.

She consider him as a companion.

She consider him to be a companion.

(그녀는 그를 동반자로 생각한다.)

b. 몇몇 사역동사('-시키다, 하게 하다')는 반드시 원형동사를 목적
보어로 가진다.

ex make, have, let, bid

She made [have, let, bid] her husband clean [*to clean, *cleaning] the floor.

(그녀는 남편에게 마루바닥을 청소하라고 했다.)

cf. 반면 위의 네 가지 이외의 모든 사역동사는 'to'부정사를 목
적보어로 가진다.

ex get, force, ask, oblige, compel, cause 등

She forced [got, obliged, compelled] her husband to clean the floor.

(그녀는 그녀의 남편이 마루를 청소하도록 강요했다.)

cf. 'help'는 둘 다 가능하다.

She helped her son (to) do his homework.

She helped her son with his homework.

(그녀는 아들이 숙제하는 것을 도왔다.)

c. '지각동사'는 감각을 나타내며 원형동사 또는 현재분사를 목
적보어로 한다.

현재분사를 사용하면 진행의 의미가 강조된다.

ex feel, hear, notice, observe, see, smell, watch

I watched him painting [paint, *to paint] the wall.

(나는 그가 벽에 페인트를 칠하는 것을 지켜보았다.)

I noticed her have a particular habit.

⇒ I noticed that she had a particular habit.

(나는 그녀가 특별한 습관이 있는 것을 알았다.)

 다음에서 틀린 부분을 고치시오.

---

1) I wish she will pass the exam.
2) I hope you good luck.

Answer 1) wish → hope ('that'절의 내용이 이루어질 수 있으면 'hope'를
쓴다.)
2) hope → wish ('hope'는 3형식, 'wish'는 4형식 동사다.)

4.3. 동사의 기능과 용법

4.3.1. 기본 동사(primary verb)

동사의 종류는 매우 다양하다. 이 중에서 가장 널리 사용되며, 조동사와 본동사 두 가지 기능을 가진 'be, have, do'를 영어에서는 기본동사(primary verb)라고 한다.

여기서는 이 세 가지 기본 동사의 기능과 용법을 간단히 살펴보자.

❶ 'Be' 동사의 기능

a. 본동사로서의 기능을 가진다.

Mr. Kim is an English teacher. (김 씨는 영어선생님이다.)

b. 조동사로 사용되어 시제를 나타내는 역할을 한다.

진행형; 'be(시제) + 현재분사(진행)'에 사용되며 시제를 나타낸다.

He <u>is</u> / <u>was</u> walking slowly. (그는 천천히 걷고 있다/걸었다.)

수동태; 'be(시제) + 과거분사(수동)'에 사용되며 시제를 나타낸다.

He is / was scolded for having talked like that.

(그는 그렇게 말해서 비난받는다/비난받았다.)

❷ 'Have' 동사의 기능

a. 본동사로서의 기능을 가진다. 조동사로 'do'를 사용한다.

I have no money. (돈이 없다.)

Do you have a lighter? (라이타 있니?)

– 이 경우 부정문, 의문문에서 세 가지 형태를 가진다.

We haven't any sugar.

(동사자체에 'not'을 추가) (영국식, formal)

We haven't got any sugar. ('got'을 추가) (informal)

We don't have any sugar. (조동사 'do'를 사용) (normal)

질문에 대한 응답은 다음과 같다.

Have you any brothers? (No, I haven't.)

Have you got any brothers? (No, I haven't)

Do you have any brothers? (No, I don't).

b. 조동사로서 'have + 과거분사'로 완료시제에 사용된다.

I have eaten lunch. (나는 점심을 먹었다.)

What has she eaten? (그녀는 무엇을 먹었느냐?)

The cake may have been eaten.

(그 케이크는 먹어버렸을지 모른다.)

Have you eaten lunch? (너는 점심을 먹었느냐?)

– 이 경우 부정문에서 세 가지 형태로 표현될 수 있다.

I have not eaten lunch. (문어체)

I haven't eaten lunch. ('not'을 축약) (구어체, 일반적)

I've not eaten lunch. ('have'만 축약') (구어체, 'not' 강조)

❸ 'Do' 동사의 기능

　a. 본동사로서의 기능을 가진다.

　　They do everything to help poor children.

　　(그들은 가난한 아이들을 돕기 위해서 모든 것을 한다.)

　　What are you going to do about it?

　　(너는 그 문제를 어떻게 할 예정이니?)

　b. 조동사로서 다음과 같은 기능을 가진다.

　　; 부정문, 의문문에서 현재와 과거시제를 나타내기 위해 사용
　　된다.

　　She doesn't want to stay at home during vacation.

　　(그녀는 방학동안 집에 머물기를 원하지 않는다.)

　　What do they say?

　　(그들은 무엇이라 말했나?)

　c. 부가의문문(tag question)의 조동사로 사용된다.

　　She knows how to solve the problem, doesn't she?

　　(그녀는 그 문제를 푸는 방법을 알고 있지?)

　d. 부정의 도치구문에서 조동사가 없으면, 주어 앞의 시제를 나
　　타내는 조동사로 사용된다.

　　He never thought that his son would fail in the exam.

　⇒ **Never did he think that his son would fail in the exam.**

　　(그는 자기 아들이 시험에 떨어질 것이라고는 결코 생각하지 않았다.)

e. 강조 구문(emphatic structure)에서 동사 앞에 조동사로 사용된다.

They want [wanted] you to come to the meeting.

⇒ They do [did] want you to come to the meeting.

(그들은 네가 그 모임에 오기를 정말로 원한다.)

f. 강한 명령문(persuasive imperative)에서 동사 앞의 조동사로 사용된다.

Do sit down. (앉아.) Do be quiet. (제발 조용히 해.)

A: May I sit here?

B: Yes, by all means do. (그러고 말고요, 앉으세요.)

(이 경우 대동사로 볼 수도 있다.)

g. 대(代)동사로 사용된다.

; 앞 절의 동사 이하의 중복되는 부분 전부를 대신해서 사용된다.

She reads novels faster than I do. [=read books]

(그녀는 나보다 소설을 더 빨리 읽는다.)

I didn't watch the baseball game on TV but my brother did. [watched the baseball game on TV.]

(나는 TV에서 야구시합을 보지 않지만, 내 동생은 본다.)

4.3.2. 'say' 동사

가장 혼동하기 쉬운 동사가 'say'류의 동사다.

아래에 열거된 '말하다(say)'와 연관된 동사의 의미 구조적 차이를 간단히 살펴보자.

say, speak, talk, tell, mention, relate, remark

a. 'talk'과 'speak'

; 둘 다 주로 자동사로 사용된다.

We talked / spoke about politics.

(우리는 정치학에 대해서 말했다.)

; 'speak'는 언어 또는 사실을 말 할 때는 타동사로 사용된다.

She can speak Chinese. (그녀는 중국어를 말할 수 있다.)

She must speak [tell] the truth.

(그녀는 사실을 말해야 한다.)

Do not speak a word of this to anyone else.

(여기에 대해 그 밖에 누구에게도 한 마디도 하지마라.)

b. 'say'와 'tell'

; 'say'는 타동사로 목적어 하나만 있는, SVO구조를 지닌다.

No one can say what will happen in future.

(미래에 무슨 일이 일어날지 아무도 모른다.)

What did he say? (그가 무엇이라고 말했느냐?)

; 'tell'은 주로 여격동사로 사용되며 SVOO 구조를 가진다.

I didn't tell him goodbye. [= say goodbye to him]

(나는 그에게 작별인사를 하지 않았다.)

If you see her, tell her hello for me.

(네가 그녀를 만나면, 나 대신 그녀에게 인사를 해라.)

c. 'relate' (자세히 말하다)

주로 '이야기(story, tale), 경험(experience)' 등을 상세히 말하거나 상호 연관시켜 말할 때 사용한다.

The book relates [=recounts] a tale of jealousy and headache.

(그 책은 질투와 두통에 대한 이야기를 상술하고 있다.)

We listened eagerly as she related the whole exciting story.

(그녀가 재미있는 이야기의 전말을 이야기하기 때문에 우리는 열심히 들었다.)

; 자동사로는 '관계가 있다, 교류하다'는 의미로 사용된다.

The way a child relates to [=interacts with] her teacher can affect her education.

(학생이 선생님과 교류하는 것은 학생의 교육에 영향을 미친다.)

d. 'mention'

; 타동사로 '간단히 언급하다(to talk about briefly)'는 의미로 사용된다.

She rarely mentions her parents, husband, and fellow actors.

(그녀는 그녀의 부모와 남편, 동료 배우들에 대해 거의 언급하지 않는다.)

She's never mentioned anything to me about her family.

(그녀는 그녀의 가족에 대해 아무것도 언급하지 않았다.)

e. 'remark'(논평하다)

; 타동사로 보고 느낀 것을 논평, 판단하는 의미가 있다.

He remarked [=commented] that the movie was dis-
appointing.

(그는 그 영화가 실망스럽다고 논평했다.)

 다음에서 틀린 부분을 고치시오.

1) Please teach me your phone number.
2) It costs 10,000 won to lend a bicycle for two hours.
3) Many women retire from their jobs when they get married.
4) Does your car function on diesel?
5) What do you do if a tire blows up?

Answer
1) teach → tell (단순한 사실을 전공할 때, 'tell'을 쓴다.)
2) lend (빌려주다) → borrow (빌리다)
3) retire (은퇴하다) → leave (떠나다), quit (그만두다)
4) function (기능을 하다) (고장났이) 기능을 잃다) → run (움직이다,
자동하다)
5) blow up (폭발하다) → bursts (터지다)
(The bomb blowed up. [폭탄이 폭발하다.])

문장에서 동사와 다른 성분과의 관계를 간단히 살펴 보자.

❶ **주어와의 관계; 주어의 수에 따라 동사의 단복수형이 구별된다.**
따라서 주부의 주어를 잘 판별해야 한다.

The mansion stands on a hill. (그 저택은 언덕 위에 있다.)
　주어(단수)　　단수

A finished pair of shoes stand in the shelf.
　　　　　　　　(주어)복수　복수

(완성된 구두가 선반에 있다.)

A row of trees stands between the two houses.
(주어)단수　　　단수

(두 집 사이에 나무가 일렬로 있다.)

The baseball team still stands [=ranks] first in the division.
　　(주어)단수　　　　단수　　　　　　　　　　　(집합명사)

(그 야구팀은 그 지구에서 아직 1위이다.)

❷ **부사와의 관계; 부사의 종류에 따라 동사의 시제가 변한다.**

She left school with no qualification last year. (과거)
(그녀는 지난 해 아무 자격없이 학교를 그만두었다.)

She has been left alone for 3 hours. (완료; for)
(그녀는 세 시간 동안 홀로 남았다.)

She <u>left</u> <u>just now</u>. (과거; just now) (그녀는 지금 막 떠났다.)

She <u>has</u> <u>just</u> <u>left</u>. (완료; just, now) (그녀는 막 떠났다.)

 다음에서 틀린 부분을 고치시오.

1) I made many new friends this year.
2) We enjoyed very much the meeting.

연습문제

1 다음 문장에서 주어의 수에 일치하는 동사형을 고르시오.

ex Thirty thousand dollars (<u>is</u>, are) the average income for a four-person family in Korea.

(1) About one hundred eighty-six thousand miles per second (is, are) the speed of light.

(2) Dodo birds forgot how to fly and finally became extinct because there (was, were) no natural enemies on the island where they lived.

(3) More than ninety percent of the world's population (use, uses) the metric system.

2 다음 대화에서 주절 동사 뒤의 어법이 맞는 것을 고르시오.

ex Sumi: When was the lease signed?
Nami: I don't know (<u>when it was signed</u>, when was it signed).

1) Sumi: What color did you paint your car?

Nami: I painted (it's white, it white).

2) Sumi: Is this house still available?

Nami: Mr. Kim, do you know (whether this house is, whether is this house) still available?

3) Sumi: Is the apartment furnished?

Nami: I really can't remember (if it's furnished, if its furnished).

3 시간의 부사(구, 절)와 일치하는 동사를 고르시오.

ex I tried to call you just a few minutes ago and (get, <u>got</u>) a busy signal.

1) By 1995, Steve (has decided, had decided) to pursue a different career.

2) We (have experienced, experienced) problem after problem lately.

3) By the end of the meeting, all of the participants (has reached, had reached) an agreement.

4 다음은 형태가 비슷한 동사다. 둘 중 문장의 의미에 맞는 동사를 고르시오.

ex Why have they (lain, lied) quiet for so long?　　정답: lain
I don't know how we'll ever cure her of (lying, laying).
　　　　　　　　　　　　　　　　　　　　　　정답: lying
We've all (laid, lied) bets on the favorite.　　정답: laid

1) a. We'll have to wait until the sun has (risen, raised).

b. It is our policy to deal with problems as they (arise, rise).

c. Rock bands have (raised, rose) millions for charity.

2) a. You shouldn't walk on a field that's just been (sewed, sown).

b. I has (sewed, sown) the button back on the shirt.

3) a. The traitor has been (hanged, hung).

  b. Meat needs to be (hung, hanged) for a few days to become tender.

4) a. How long is it since you (wound, wounded) this clock?

  b. How many soldiers were (wound, wounded) in the battle?

5) a. The motor (sprang, springed) into life at the touch of a button.

  b. The lion was waiting to (spring, springed).

6) a. How many meters down is the (sunken, sinked) ship?

  b. The company's stock (sank, sinked) after it announced that profits were less than expected.

7) a. Wait until everyone has (woken up, awoken up).

  b. We finally (woken up, awoke) to the danger.

5 다음 요리에 대한 문장에서 적절한 동사를 고르시오.

ex The salad has been (dressed, spreaded) with oil.

정답: dressed

1) Please (squeeze, press) a couple of lemons for me.

2) I must consult the (instructions, directions) for the coffee maker.

3) (Save, Reserve) some of that pie for me, won't you?

4) The toast has been (burnt, scalded).

5) (Beat, Hit) two egg whites until they're stiff.

6) (Try, Try on) the dish first before you comment.

7) These apples have (gone bad, gone badly).

8) This milk has (gone sour, gone soured).

---

6 다음 밑줄 친 단어를 'up'이 포함된 동사구로 바꾸시오.

ex Now you are <u>an adult</u>, you can decide everything yourself.

정답: grown up

1) I usually <u>awake</u> at 5:30 in the morning.

2) She <u>dressed</u> for the meeting.

3) They have <u>reared</u> a large family on very little.

4) He didn't <u>arrive</u> until after midnight.

5) What <u>delayed</u> you?

6) The bomb <u>exploded</u> without warning.

---

7 다음은 운전에 대한 동사다. 올바른 표현을 고르시오.

ex Look first, then (sign, signal). 정답: signal

1) It isn't easy to (run, steer) a big car into a small space.

2) (Check, Watch) your tire frequently.

3) What do you do if a tire (blows up, bursts)?

4) I drove into a wall and (ruined, wrecked) the car.

5) Turn off the lights or you'll (discharge, spend) your battery.

6) Does your car (run, function) on diesel?

7) We'll have to (overhaul, revise) the engine every three years.

05 조동사

5.1.1. 조동사의 용법

영어의 조동사는 문장 기능과 시제를 나타내는 동시에, 양상(modal auxiliary)을 나타낼 수 있다. 양상(樣相)이란 문장 속의 내용(명제)에 대한 말하는 사람의 의견 또는 태도 – 즉 의지, 능력(할수 있다), 의무/당연(해야한다), 허가(해도 좋다), 추측(일지 모른다), 가능(가능하다) 등 – 를 말한다. 여기에는 'may, can, must, need, will/shall' 등 대부분의 조동사가 포함된다. 주요 양상 조동사의 의미와 용법을 살펴보자.

❶ May / might

  a. 허락(해도 좋다)

    Resident may use the parking lot without a ticket.

    (주민은 무료로 주차시설을 이용해도 좋습니다.)

    You may leave. (떠나도 좋다.)

b. 추측 또는 가능(할지 모른다)

Careful, the gun may be loaded. (It is possible that the gun is loaded.)

(조심해, 총이 장전되어 있을지 모른다.)

We may have some rain today.

(오늘 비가 좀 올지 모른다.)

과거사실의 추측에는 'may[might] + have + 과거분사'를 쓴다.

He might have forgotten the meeting.

(그는 그 모임을 잊었을지 모른다.)

cf. 하나의 문장이 두 가지로 해석되면 전체의 상황에 좌우된다.

He **may** leave tomorrow. He **may** be late to class.

(가능; 그가 내일 떠날지 모른다. 그는 수업에 늦을지 모른다. 'may'에 강세[stress]를 둘 수 있다.)

He may leave tomorrow. He may be late to class.

(허가; 그가 내일 떠나도 좋다. 그는 수업에 늦어도 좋다. 'may'에 강세를 두지 않는다.)

cf. 다음과 같은 문장에 일반적으로 사용된다.

(기원문) May my mind always be open to new ideas.

(조동사를 문두에 쓴다.)

(I hope that my mind is always open to new ideas.)

(내 마음이 항상 새로운 사고에 열려 있기를 바란다.)

(양보절) However rich you may be, you can't live a day longer.

(Even though you are very rich, you can't live a day longer.)

(당신이 아무리 부자라고, 하루 더 살 수는 없다.)

(공손형) You look lovely, if I may say so.

(실례가 안 된다면, 당신은 사랑스럽군요.)

❷ Can / could

a. 능력(할 수 있다)

You can easily solve the problem.

(너는 쉽게 그 문제를 풀 수 있다.)

(= You are capable of solving [are able to solve] the problem easily.)

b. 허락(해도 좋다)

You can smoke in this room.

(이 방에서 담배를 피워도 좋습니다.)

(= I allow you to smoke in this room.)

c. 가능(할 수 있다)

Even experts can make mistakes.

(전문가들도 종종 실수를 합니다.)

(= It is possible for even experts to make mistakes.)

위의 b와 c는 'may'의 용법과 유사하다.

❸ Must

a. 의무, 강요(해야 한다)

You must hurry if you are going to catch the train.

(= You have (got) to hurry if...)

(기차를 타려면 서둘러야 합니다.)

b. 당연(틀림없다)

He must be working late at the office.

(I am sure [It is certain] that he is working late at the office.)

(그는 사무실에서 일하고 있음에 틀림없다.)

❹ Will과 shall

오늘날 대부분의 상황에서 'will' 또는 다른 조동사가 사용되며, 'shall'은 1인칭 의문문 이외에서는 거의 사용하지 않는다. 다만 기본적으로 다음과 같이 구분할 수 있다.

인칭	평서문		의문문	
	화자의 의지	단순 미래	청자의 의향	단순 미래
1인칭	will	will/shall	shall	will, shall
2인칭	shall	will	shall	will
3인칭	shall	will	shall	will

a. 평서문

– 단순 미래

One day we'll [will, shall] die. One day you will die. One day he will die.

(언젠가 우리는 죽을 것이다. 언젠가 너도 죽을 것이다. 언젠가 그도 죽을 것이다.)

– 의지 미래

I will wait here until she comes.

(나는 그녀가 올 때까지 여기서 기다릴 것이다.)

You shall have the book tomorrow. [I will give you the book tomorrow.]

(너에게 그 책을 내일 주겠다.)

He shall do it. [I'll make him do it.]

(그가 그것을 하도록 하겠다.)

b. 의문문; 오늘날에는 'shall' 대신 다른 조동사나 구를 대체하여 사용한다.

Shall I be in time for the train?

⇒ Could I be in time...?

(내가 기차 시간에 맞게 도착할 수 있을까?)

Shall I help you?

⇒ May I help you? (도와 드릴까요?)

Shall you move into an apartment?

⇒ Are you going to move into...?

(아파트로 이사 갈 예정입니까?)

Shall he wait for you?

⇒ Will you ask him to wait for you?

(그가 기다리게 할 것입니까?)

❺ Must, ought to, should

'Must'는 의무, 강요의 의미가 있으며, 'ought to'와 'should'는 충고, 당연의 의미를 가진다.

He must [=have to] pay back his debt.
(그는 빚을 갚아야 한다.)
He ought to [=should] pay back his debt. (... but he probably won't)
('ought to'는 강세를 두지만, 'should'는 강세를 두지 않는다.)

단 'must'는 과거형이 없으므로 'had to'를 써야 한다.
In the 1970s we had to work hard.
(1970년대에는 우리는 열심히 일해야 했다.)

❻ 'Used to'와 'be used to'

a. 'used to' 과거의 습관[하곤 했다] 또는 과거의 상태[하였다]를 나타내며 과거형으로만 사용된다.

① 습관
She used to go hiking regularly. (=She went hiking regularly.)
(그녀는 규칙적으로 하이킹을 했다.)
; 'used to'는 과거의 지속적 행위, 'would'는 과거 한때의 행위를 나타내지만 거의 구분하지 않는다. 부정문, 의문문에서는 보통 'did use'를 쓴다.

She didn't used to go hiking when young.

(그녀는 젊었을 때 하이킹을 하지 않았다.)

Did she use to smoke? (그녀는 담배를 피우곤 했었니?)

She used to smoke, didn't she?

(그녀는 담배를 피웠었지?)

② 상태

I used to live in Jinju. (= I lived in Jinju ago.)

(나는 진주에 거주한 적이 있다.)

③ 'be[get] used to + (– ing or 명사)'; –에 익숙하다(be familiar with, be accustomed to)

I'm used to getting up early.

(나는 일찍 일어나는데 익숙하다.)

You'll get used to his sense of humor.

(그의 유머에 익숙해질 것이다.)

④ 'be used to + 동사원형'; 이 경우는 단순히 'use(사용하다)' 의 수동형이다.

A knife is used to peel apples. [We use a knife to peel apples.]

(사과 껍질을 벗기기 위해서는 칼을 사용한다.)

❼ 'Had better'(–하는 편이 좋다)와 'would rather'(–하고 싶다) + 동 사원형

① 부정문은 이 조동사 뒤에 'not'을 붙인다.

I'd better [I'd rather] **not** live in the country.

(나는 그 나라에 살지 않는 것이 더 좋다 [살고 싶지 않다].)

*I'd **not** better [I'd not rather] live in the country.

② 의문문과 부정문

    – 'would rather'는 'would' 다음에 'not'을 붙인다.

A: Wouldn't you rather live in the country?

B: No, I wouldn't. I'd rather live here.

    – 'had better'는 두 가지 방식으로 쓸 수 있지만 의미가 다
르다.

Had we better not go? (가지 않는 것이 더 좋겠지?)

Hadn't we better go? (가는 것이 더 좋지 않겠니?)

❽ 'be to', 'be going to', 'be about to' + 동사원형

  a. 'be to'는 다음과 같이 매우 다양한 의미를 지닌다.

    ① 예정, 기대; All students <u>are to</u> attend the lecture.
                       are going to, are supposed to

        (모든 학생들이 강연에 참석할 예정이다.)

    ② 의도; This apartment <u>is to</u> be let or sold.
                  is intended to

        (이 아파트는 세놓거나 팔 작정이다.)

    ③ 가능; Not a soul <u>was to</u> be seen in the classroom.
                 could

        (교실에는 한 사람도 보이지 않았다.)

    ④ 운명; He <u>was never to</u> return to his country.
              was destined never to

        (그는 자신의 조국에 결코 돌아오지 못할 운명이었다.)

b. be about to(막 −할 예정이다)

The train is about to leave. (기차가 막 떠나려고 한다.)

is just going to leave.
is on the point of leaving.
will leave in a moment.

❾ 요구 동사의 목적절 내부의 'should'의 유무;

미국식은 원형을 주로 사용하고, 영국식은 'should'를 사용한다.

The employees demand [request] that the manager re-
sign. (미국식)

should resign. (영국식)

(고용인들은 그 매니저가 사임할 것을 요구하고 있다.)

5.1.2 과거형 조동사의 용법

조동사의 과거형의 용법에 대해 간단히 살펴보자.

❶ **조동사의 과거형 + 동사원형**

단순히 과거시제 이외에도 다음과 같은 다양한 기능을 가진다.

a. 현재형보다 공손(polite)하다.

Could I see your passport?

('can'보다 공손; 여권 보여주실래요?)

Would you lend me 10,000 won?

('will'보다 공손; 일만 원 빌려 주실래요?)

b. 실제가 아닌 잠정적인 의견(tentative opinion)을 나타낸다.

There could be something wrong with the light switch.

(전기 스위치에 문제가 있을 수 있다.)

Of course, I might be wrong. (물론, 내가 틀릴지 모른다.)

c. 가상적 의미(hypothetical meaning); 가정법 참조

If you pressed the button, the engine would stop.

(버튼을 누르면 엔진이 정지할 것입니다.)

If there were an accident, they would have to report it.

(사건이 생기면, 그들은 그것을 보고해야 할 것입니다.)

d. 판단 또는 주장(putative fact)을 나타내는 동사 뒤의 목적절에
는 '동사원형' 또는 'should + 동사원형'을 쓴다.

She insisted that we (should) stay.

(그녀는 우리가 머물 것을 고집했다.)

It's unfair that so many people (should) be poor.

(너무나 많은 사람들이 가난한 것은 부당하다.)

❷ 조동사의 과거형 + have + 과거분사

; 과거에 발생한 사건을 나타내며, 다음 네 가지 용법이 있다.

a. 가능; **He might have missed the train.**

(그는 기차를 놓쳤을지 모른다.)

b. 필연; **He must have left his umbrella in the subway.**

(그는 지하철에 우산을 놓아 두었음이 틀림없었다.)

c. 예측; The guest would have arrived by that time.

(그 손님은 그 시간에는 도착했을 것이다.)

d. 유감; You should [ought to] have finished it. (but you didn't...)

(너는 그것을 끝마쳤어야만 했다. [그러나 하지 않았다.])

You should [ought to] not have left her alone. (but you did...)

(너는 그녀를 홀로 내버려두지 않았어야 했다. [그러나 내버려 두었다.])

 다음 문장을 의미에 따라 'used to' 또는 'be used to [be accustomed to]'를 사용하여 전환하시오.

---

1) He doesn't smoke anymore.
2) He has always worked hard.
3) He doesn't drive his pick–up truck anymore.

 1) He used to smoke.
2) He is used to [is accustomed to] working hard.
3) He used to drive his pick–up truck.

---

❶ 주요 조동사의 축약형은 다음 표와 같다.

긍정형	부정형	
	기본형	축약형
can [kæn, kən] could [kud, kəd]	cannot could not	can't [kænt](미국) [ka:nt](영국) couldn't [kudnt]
may [mei] might [mait]	may not might not	(mayn't [meint]; 영국영어) shouldn't [ʃudnt, ʃədnt]
shall [ʃæl, ʃ(ə)l] should [ʃud, ʃ(ə)d]	shall not should not	shan't [ʃa;nt; 가끔 사용] shouldn't [ʃudnt, ʃədnt]
will [wil] 'll [(ə)l] would [wud] 'd [(ə)d]	will not 'll not would not 'd not	won't [wount] wouldn't [wudn't]
must [mʌst, məst]	must not	mustn't [mʌsnt]

cf. 일반적으로 'cannot'은 'can not'으로 띄어 쓰지 않는다. 다만 본동사를 강조하거나 부사를 삽입할 때에는 띄어 쓸 수 있다.

Can't you interrupt, please?

⇒ Can you not interrupt, please?

(방해하지 말아주세요.)

He says we can manage when we can certainly not [certainly can't].

(우리가 분명히 처리할 수 없을 때에도 우리가 처리할 수 있다고 그는 말한다.)

❷ 조동사 'be' + 'not'의 축약형

She is not studying. (그녀는 공부하지 않는다.)

She isn't studying. (조동사 'be'와 'not'의 결합; 일반적으로 사용)

She's not studying. (주어와 'be'의 결합; 영국영어에서 가끔 사용)

*She'sn't studying. (둘 다 축약할 수 없다.)

❸ 부가의문문의 형태

어떤 문장의 진위를 확인하기 위해 문장 뒤에 첨부하는 의문문을 부가의문문이라 한다. 일반적으로 조동사 또는 'be'동사를 사용한다. 여기에는 다음과 같이 여러 종류가 있다.

　a. 평서문의 부가의문문

　　She sings in a Buddhist choir, doesn't she?

　　She is singing in a Buddhist choir, isn't she?

　　She will sing in a Buddhist choir, won't she?

　　She hasn't sung in a Buddhist choir, has she?

　b. 명령문의 부가의문문

　　의미에 맞게 적절한 조동사를 사용한다. 긍정형과 부정형 둘 다를 쓸 수 있다.

　　Come early, will you [won't you, can you, can't you, would you]?

c. Let's의 부가의문문은 'shall we'를 쓴다.

Let's sing a song, shall we?

Let's not discuss it now, shall we?

d. 감탄문은 생략된 부분의 주어 동사를 기준으로 한다.

What a beautiful flower, isn't it?

How odd, isn't it?

e. 주절이 사고동사이면, 목적절을 기준으로 한다.

I think [I'm sure] he will go there, won't he?

I can't see that it matters, does it?

f. 부가의문문에 사용되는 고정표현(invariant tag questions);

   'Am I right, isn't that so, don't you think, wouldn't you say'
   등은 모든 문장에 부가의문문 대용으로 사용할 수 있다.

They want to go hiking, don't they?

⇒ They want to go hiking, am I right? [isn't that so?, don't you think?, wouldn't you say?]

We should always work hard, shouldn't we?

⇒ We should always work hard, don't you think? [wouldn't you say?]

She got sick after walking out in the rain.
a. She (shouldn't, couldn't) have gone out in the rain.
b. She (should, shouldn't) have stayed inside.

Answer a. shouldn't   b. should

5.3. 조동사와 본동사의 관계

여기서는 본동사와 조동사 둘 다로 사용되는 'dare'와 'need'의 용법을 살펴보자.

둘 다 조동사로 사용되지만 본동사로도 흔히 사용된다. 본동사로 사용될 경우 'to 부정사'나 명사를 목적어로 가진다.

문장형태	조동사	본동사
평서문		He needs / dares to escape.
부정문	He needn't / daren't escape.	He doesn't need / dare to escape.
의문문	Need / Dare we escape?	Do we need / dare to escape?
부정의문문	Needn't he escape at all? Dare he not escape?	Doesn't he need to escape at all? Doesn't he dare to escape?

예를 들어 본동사 'need' 다음에 'to 부정사' 또는 '명사'가 오는 경우를 살펴보자.

    a. My shoes need to be cleaned.
    = My shoes need a clean.
      (신발을 닦을 필요가 있다.)
    b. He needs to practice more.
    = He needs more practice.
      (그는 좀 더 연습할 필요가 있다.)

 다음 문장의 조동사를 'be allowed[permitted] to + 동사원형'의 형태로 고치시오.

Renters <u>may</u> keep animals in these apartments.

_____

Answer Renters are allowed[permitted] to keep animals in these apartments.

---

1 주어진 문장의 의미와 일치하는 조동사를 고르시오.

> **ex** He arrived late for a job interview and never received a call from the interviewer.
> ⇒ He (should, might / may) have left earlier for the inverview.

1) I rang his doorbell several times, but no one answered the door.

⇒ He (should, might / may) have gone somewhere.

2) Last summer, I had the opportunity to study Japanese, but I didn't.

⇒ Last summer, I (could, may / might) have the opportunity to study Japanese, but I didn't.

2 다음 문장을 보기와 같이 'used to' 또는 'be used to [be accustomed to]'를 사용하여 전환하시오.

> **ex** The Kims don't live next door anymore.
> ⇒ The Kims used to live next door.
> The Kims always have breakfast at 7:00.
> ⇒ The Kims are used to having breakfast at 7:00.

1) I jog every morning.

_____

2) She doesn't wash her car anymore.

_____

3) She always walks to work.

_____

3 다음 문장을 조동사 대신 'be allowed[permitted] to + 동사원형'의 형태로 고치시오.

ex Military personnel <u>may not wear</u> their hats indoors.
⇒ Military personnel <u>aren't allowed[permitted] to</u> wear their hats indoors.

1) Children under the age of 18 <u>may not drive</u> without an adult in the car.

_____

2) The naval base <u>will not let</u> any civilians enter this area.

_____

3) Years ago, women <u>couldn't serve</u> in the military.

_____

4 밑줄 친 부분에 '조동사 + have + 과거분사'를 넣어서 자연스러운 대화를 만드시오.

ex Minsu: Sumi looked happy when she got an email.
Kisu: She <u>must / may have</u> gotten an email from her friend.

1) Minsu: I didn't feel well last night after dinner.

Kisu: You _____ eaten so much dessert.

2) Minsu: John didn't answer the phone yesterday evening.

   Kisu: He _____ still been on leave.

3) Minsu: I don't know what the homework is.

   Kisu: You _____ paid more attention.

5 밑줄 친 부분을 채워서 부가의문문(tag question)을 만드세요.

ex It's cold outside, _____?   정답: isn't it

1) This instrument shows the car's speed, _____?

2) The disaster won't increase your fear of driving, _____?

3) The plane will land on Runway Two, _____?

4) Oxygen masks are stored above the seats, _____?

5) The passengers weren't concerned about the weather,

   _____?

6) Let's go hiking together, _____?

06 형용사

6.1. 형용사의 형태

형용사는 사람 또는 사물의 성질과 상태를 나타내는 의미를 지닌다. 문장에서는 명사를 수식하거나 동사의 의미를 보충해주는 보어역할을 한다.

> There were <u>long, glossy</u> riding boots. (명사 수식)
> (길고 번쩍이는 승마용 신발이 있다.)
> The riding boots are <u>long and glossy</u>. (동사의 보어)
> (그 승마용 신발은 길고 번쩍거린다.)

먼저 형용사의 형태와 배열 순서를 간단히 살펴보자.

❶ 형용사의 형태
형태상으로 형용사는 다음 두 종류가 있다.

  a. 처음부터 형용사로 쓰이는 단어가 있다.

    old, hot, little, young, fat, obvious 등

    We are getting old.

b. 명사에 접미사를 붙여서 형용사로 만들 수 있다.

; 명사 + 'able, ful, ish, ous, al, ic, less, ly, y, ed'

comfortable, useful, foolish, generous, critical, scientific,

useless, friendly, healthy, crooked

He is famous for his generosity.

He is very comfortable.

❷ 형용사 간의 배열 순서는 다음과 같다.

Opinion/ Quality	Size	Age	Shape	Color	Origin	Material	Kind/ Purpose	Noun
beautiful	big	old	round	yellow	Chinese	glass	serving	dish
cheap	small	new	square	green	French	leather	running	shoes
pretty	long	old	oval	glossy	Korean	velvet	riding	boots

ex Her parents bought her a beautiful Korean glass serving dish and a pair of expensive leather running shoes.
(그녀의 어머니는 그녀에게 아름다운 한국산 유리로 된 접대용 접시와 비싼 가죽 운동화를 사 주었다.)

 다음은 재료와 성질에 대한 형용사이다. 적절한 형용사를 고르시오.

1) You should pay a lot for a (luxurious, luxury) hotel.
2) Under a grey sky, the sea looked heavy and (lead, leaden).
3) Use a (wood, wooden) spoon if you want to stir yogurt.

Answer 1) luxury 2) leaden 3) wooden

대부분의 형용사는 한정(attributive) 형용사와 서술(predicative) 형용사 두 가지로 사용되지만 몇몇 동사는 용법이 제한된다. 이를 간단히 구분하면 다음과 같다.

❶ 대부분의 형용사는 두 가지 용법으로 사용된다.

The old man is wise. The wise man is old.

The high price troubles us. The price is high.

❷ 한정 형용사

다음과 같은 한정 형용사는 명사 앞에서 수식어로만 사용된다.

재료형용사; wooden, earthen 등

관계 또는 방향 표시형용사; right, left, elder, upper, inner 등

기타; spare, live, mere, only 등

> **ex** wooden desk, inner pocket, earthen ware
> (나무 책상)　　(안쪽 후주머니)　　(토기)

❸ 서술형용사

다음과 같은 형용사는 명사 뒤에서 보어로만 사용된다.

  a. 접두어 'a'로 시작되는 형용사; afraid, alike, alive, alone, ashamed, asleep, awake, aware 등 (반면, 동의어인 frightened, similar, living, lone, shameful, sleeping은 한정형용사로도 사용될 수 있다.)

The animal is **alive / living**. (그 동물은 살아있다.)

A lion eats a living [live, *alive] animal.

(사자는 살아있는 동물을 먹는다.)

b. 예정, 감정, 경향을 나타내는 형용사; alone, bound, content, fond, glad, loath, liable, sorry, subject, able 등

He felt alone [lonely] without his friends.

(그는 친구가 없어 쓸쓸했다.)

He walked down the lonely [*alone] road.

(그는 한적한 길로 걸어갔다.)

The baby is asleep [sleeping]. (아이가 잠들어있다.)

Take care not to wake up the sleeping [*asleep] baby.

(잠자는 아이를 깨우지 않도록 조심하여라.)

c. 건강과 느낌에 관계된 형용사; content, fine, glad, sorry, sure, upset, well 등

He is content [satisfied] with a warm meal.

(그는 따뜻한 식사에 만족하고 있다.)

A satisfied [*content] customer will shop again.

(만족한 고객은 다시 방문한다.)

❹ 한정적 용법과 서술적 용법의 의미가 달라지는 형용사

concerned, involved, opposite, present, proper, responsible 등

a. All the people present [who are here] approve of the decision.

(참석한 모든 사람들이 그 결정에 동의하고 있다.)

They asked me of my present address [my address now].

(그들은 나의 현재 주소를 물었다.)

b. A certain [unknown] gentleman. (어떤 신사)

It is quite certain [sure]. (그것은 틀림없다.)

c. The late [dead] Mr. Kim was a millionaire.

(죽은 김씨는 백만장자였다.)

Mr. Kim was late [after the expected time] for the meeting.

(김씨는 그 모임에 늦게 왔다.)

d. The country's economic [financial] reforms.

(그 나라의 경제개혁)

The atomic energy is economical. [profitable]

(원자 에너지는 이득이 많다.)

❺ 형용사의 위치

다음과 같은 경우에는 형용사의 종류에 관계없이 항상 명사 뒤에서 수식한다.

a. 부정대명사(indefinite pronoun; –body, –one, –thing)를 수식할 때

Anyone **intelligent** can solve the problem.

(지식있는 사람은 누구나 그 문제를 풀 수 있다.)

I want to try on something **larger**.

(좀 더 큰 것을 입어보고 싶습니다.)

b. 형용사가 전치사구 또는 부정사를 수반하고 있을 때

He made a speech <u>calculated</u> <u>to appeal to the labor</u> <u>union</u>.

(그는 노동조합에 매력적으로 보이게 계산된 연설을 했다.)

He is a manager <u>capable</u> of taking difficult decisions.

(그는 어려운 결정을 내릴 수 있는 경영자다.)

We need a medicine <u>suitable</u> <u>for all children with al-</u> <u>lergy</u>.

(우리는 알레르기가 있는 모든 아이들에게 적절한 약을 필요로 한다.)

c. 공식적인 직위를 나타내는 명사 또는 관용어구

the president elect (대통령 당선자)

the prime minister designate (국무총리 지명자)

heir apparent (법정 상속인)

notary public (공증인), body politic (정치단체)

d. 관용적 표현

People have been creating art since **time immemorial**.

[=a very long time ago]

(사람들은 오래 전부터 미술품을 만들어왔다.)

EXERCISE 다음에서 맞는 것을 고르시오.

1) I always feel (bored, boring) at his lessons.
   His lesson are (bored, boring).
2) Skiing is so much (fun, funny).
   He speaks with a (fun, funny) accent.
3) The food was (very, really) wonderful.
   His environments are (very, really) miserable.

Answer 1) bored, boring
2) fun, funny
3) really, very'의 수식을 받는다는 really, very'의 뒤에 큰 정도를 나타낼 때 쓴다; terrible, awful, excellent, huge, extraordinary, exhaust-ed, tiny, wonderful 등)

6.3. 양화사

의미상 수(number) 또는 양(quantity)을 나타내는 표현을 양화사 (quantifier)라고 하며, 단어 또는 구의 형태를 지닌다. 문법적으로 명사 또는 형용사로 사용된다. 양화사가 수(number)를 나타내면 복수로, 양 (quantity)을 나타내면 단수로 취급하며, 대체로 다음과 같이 구분한다.

양 (quantity)	수 (number)	양 또는 수
one, each, every	both, a couple of, several	no, any, some, enough
little, a little, much, a great deal[quantity, amount] of	few, a few, many, a great many	most, all, a lot of, plenty of

a. 양과 수의 구별; 수식하는 명사의 종류에 따라 양화사도 다르다.

I have **fewer** [*less] problems than I used to be.
(보통명사 수식)

(나는 과거보다 문제가 적다.)

I have **less** [*fewer] money than I used to be.
(물질명사 수식)

(나는 과거보다 돈이 적다.)

Many students usually <u>fail</u> mathematics. (보통명사 수식)

(많은 학생들이 대개 수학에서 낙제한다.)

Much time is wasted while we argue over trivial details.
(물질명사 수식)

(우리는 사소한 일을 논의하면서 많은 시간을 낭비한다.)

There **are** a few points we consider.

(우리가 고려할 사항이 몇 가지 있다.)

– 다음과 같이 양을 나타내는 양화사는 단독으로 명사로도 사용될 수도 있다.

There **is** little [not much, not a great deal] else we can do now.

(우리가 지금 할 수 있는 것이 거의 없다[많지 않다].)

b. 양과 수 둘 다에 사용되는 양화사는 모든 명사에 사용될 수 있다.

Some bread has been eaten. (빵을 일부 먹었다.)

Some (of the bread) has been eaten. (　　〃　)

Some rolls have been eaten. (롤빵 몇 개를 먹었다.)

Some (of the rolls) have been eaten. (″   )

다음 문장에서 잘못된 양화사(quantifier; 수량을 나타내는 단어)를 찾아서 고치시오.

---

1) Of the many potential problems, only a little have been re-
   solved.
2) A huge number of paper was used to prepare the report.

6.4. 형용사와 문장구조

❶ 형용사가 수반하는 구문은 다음 세 가지 유형으로 구분될 수 있다.

구분	단어
to–부정사	able, unable, eager, easy, hard, difficult, convenient, pleasant, painful, wise, foolish 등 (주로 감정형용사)
that–절	aware, true, natural, desirable, essential, important, remarkable, necessary, possible, strange 등 (주로 판단형용사)
둘 다 가능	glad, afraid, certain, sad, likely 등

ex He was **able to pass** the exam. (그는 시험에 합격할 수 있었다.)

⇒ He was **capable of passing** the exam. (〃   )

It is true [certain] that he passed the exam.

(그가 시험에 합격한 것은 사실이다.)

It is natural that he should pass the exam.

(판단 또는 당연을 의미하는 형용사 뒤에는 '(should +) 동사원형'을 사용

한다.)

I'm glad to help them. (나는 그들을 도와서 기쁘다.)

⇒ I'm glad that I can help them.

⇒ I'm glad for the chance to help them.

그러나 같은 의미를 가지더라도 수반하는 구문이 다를 수 있다. 대표적으로 'worth, worthy, worthwhile'의 차이를 보자.

a. 목적어로 명사 또는 동명사를 취할 수 있는 형용사; worth

It is worth 1 million dollars. (그것은 백만 달러의 가치가 있다.)

Is this book worth reading carefully?

(이 책은 자세히 읽을 가치가 있니?)

This book is worth reading carefully.

(이 책은 자세히 읽을 가치가 있다.)

b. 목적어로 'to' 부정사를 취할 수 있는 형용사; worthy, worthwhile

This book is worthy **to be read** carefully.

This book is worthwhile **to read** carefully.

(이 책은 자세히 읽을 가치가 있다.)

c. 'of' 전치사구를 수반하는 형용사; worthy

This book is worthy of careful reading.

❷ 형용사와 콤마

형용사의 의미와 수식방법에 따라 콤마(,)의 용법이 달라지므로 유의해야 한다.

a. 두 개의 형용사가 대등한 의미 관계로 명사를 수식할 때에는 콤마를 사용한다.

It was a dark, stormy night. (The night was stormy and dark.)
(어둡고 폭풍이 치는 밤이었다.)

He was a tall, bearded man. (The man was tall and bearded.)
(그는 키가 크고 수염을 기른 남자다.)

cf. 동사의 경우도 마찬가지다.

Panda eats, shoots and leaves.
(콤마로 인하여 서로 대등관계가 된다.)
(판다는 먹고, 총을 쏘고, 떠난다.)

Panda eats shoots and leaves.
(콤마가 없으므로 목적어로 해석된다.)
(판다는 새순과 잎을 먹는다.)

b. 형용사가 '형용사 + 명사' 전체를 수식할 때에는 콤마를 사용하지 않는다.

The lady bought pretty velvet dancing shoes.
(그 숙녀는 예쁜 벨벳 댄서용 신발을 샀다.)

(*Dancing shoes are pretty and velvet.)

(Velvet dancing shoes are pretty.)

It was a endangered <u>white rhino</u>.

(그것은 멸종위기에 빠진 흰 코뿔소이다.)

(*The rhino was <u>white</u> and <u>endangered</u>.

(The white rhino was endangered.)

다음과 같이 형용사의 의미가 대등한 관계가 아니면 콤마를 붙이지 않는다.

It looks like a <u>traditional</u> <u>Korean</u> <u>wooden</u> vessel.

(그것은 전통적인 한국의 나무그릇이다.)

 다음 밑줄 친 부분을 'the + 형용사'의 형태로 고치 시오.

---

1) There is nothing we can do for the dead, but we must pro-tect the health of <u>the people who are alive</u>.

2) Finding places for <u>the people with no homes</u> to live is one of the critical social problems of our country.

3) With an economic depression, the number of <u>people who are not employed</u> are increasing.

1 다음 표현에서 명사를 수식하는 형용사의 반의어를 쓰시오.

ex a large suitcase ↔ a small suitcase.

1) weak tea

2) tender meat

3) a loud voice

4) salt water

5) a cool day

6) an open door

7) a right answer

8) a high wall

2 두 문장의 의미가 같도록 밑줄 친 명사를 형용사로 바꾸시오.

ex The pilot flew the airliner in the storm.

The pilot flew the airliner in the _____ weather.

정답: stormy

1) The car mad a lot of noise.

The car was _____.

2) There was oil on the garage floor.

The garage floor was _____.

3) The sun shines a lot in my hometown.

It's _____ in my hometown.

4) There's too much salt in this soup.

This soup is too _____.

5) The city has winters with a lot of snow.

The city has _____ winters.

3 다음 문장에서 잘못된 양화사(quantifier; 수량을 나타내는 단어)를 찾아서 고치시오.

> **ex** I have less concern than she does about the much unpaid bills.　　　　　　　　　정답: much ⇒ many

1) We need to have more opportunities and less restrictions.

_____

2) Few suggestions and few help were offered.

_____

3) A large amount of the facts in the report are being disputed.

_____

4 다음 두 개의 형용사 중 문장의 의미에 자연스러운 것을 고르시오.

> **ex** My tank's nearly (empty, vacant).　　　　정답: empty

1) The traffic today is very (heavy, full).

2) Be careful when you're (overtaking, taking over).

3) There's a (stationary, stationery) vehicle in front of us.

4) We can only go fast if the roads are (clear, clean).

5 다음 중에서 명사와 가장 자연스럽게 연결되는 형용사를 고르시오.

ex Vegetables should be stored in a (cool, fresh) place.

정답: cool

1) Tomatoes are (plump, fat).

2) (Mature, Ripe) tomatoes are nutritious.

3) You should avoid all (artificial, processed) foods.

4) Get me some (fleshy, lean) steak from the butcher's.

5) I prefer (plain, simple) grilled fish without sauce.

6) Don't pour (hot, hard) sauce over the salad.

7) You should excuse his (old, past) mistakes.

8) We didn't hear the (full, total) story.

9) I always carry a (double, duplicate) key.

07 부사

부사는 문장의 부가적 요소로 사용되며 동사, 형용사, 다른 부사 또는 문장 전체 의미를 부가해 주며, 주로 방법(manner), 시간(time), 장소(place), 방향(direction), 정도(degree)의 의미를 가진다.

He speaks softly. (방법; 그는 부드럽게 말한다.)
The store closes on Sunday. (시간; 그 가게는 일요일에 닫는다.)
It is chilly outside. (장소; 바깥은 서늘하다.)
The window faces south. (방향; 창문은 남향이다.)
He seldom blames others. (정도; 그는 좀처럼 타인을 비난하지 않는다.)

7.1. 부사의 형태

부사의 형태와 의미는 다음 몇 가지로 구분하여 설명할 수 있다.

❶ 부사를 만드는 방법
형용사에 'ly'를 붙여 만든다.
slow(ly), kind(ly) sudden(ly), abrupt(ly), real(ly)

a. 형용사가 'e'로 끝나면 'e'를 생략하고 'ly'로 고친다.
   simple – simply, due – duly, true – truly
   예외; lone – lonely

b. '자음 + y' 로 끝나면 'y'를 'i'로 고치고 'ly'를 붙인다.

dry – drily, angry – angrily, gay – gaily

예외; shy – shyly, dry – drily, dryly

c. '–ic'또는 '–ical'로 끝나면 '–ically'을 붙인다.

economic / economical – economically

tragic / tragical – tragically

❷ 부사의 형태와 의미 차이; 'ly'가 있는 부사와 없는 부사의 차이

a. 의미가 같을 경우; loud(ly), cheap(ly), quick(ly), clear(ly), slow(ly)

Don't speak so loud [loudly]. (크게 말하지 마라.)

He walks slow [slowly]. (그는 천천히 걷는다.)

b. 의미가 다를 경우; 대부분 형용사형 부사는 구체적인 의미로, 'ly'가 있는 부사는 추상적 의미로 사용된다. 그러나 오늘날은 거의 구별하지 않는다.

He climbed high. (그는 높이 올라갔다.)

The sea is running high. (바다의 파도가 높다.)

We think highly of her teaching.

(우리는 그녀의 가르침을 소중히 여긴다.)

The sky was deep blue. (하늘이 매우 푸르다.)

The river runs deep. (강물이 깊이 흐른다.)

She slept deeply. (그녀는 깊이 잠들었다.)

She is penniless and deeply in debt.

(그녀는 한 푼도 없으며, 빚에 허덕인다.)

He opened his eyes wide. (그는 눈을 크게 떴다.)

The products differ widely in quality.

(그 상품들은 질이 아주 다르다.)

❸ 부사의 배열 순서

모든 부사는 강조하기 위해서 문두 또는 문미에 올 수 있다. 그러나 일반적으로 '방법(manner) + 장소 (place) + 시간(time)의 부사' 순서로 배열된다.

He shouted <u>loudly</u> <u>in the office</u>.
          방식   장소

(그는 사무실에서 크게 고함을 질렀다.)

Our class will begin <u>in room 119</u> <u>at 9:00</u>.
          장소   시간

(수업은 9시에 119호에서 시작한다.)

Oh, no, you arrived <u>here</u> <u>too much late</u>.
          장소   시간

(오, 너는 여기에 너무 늦게 도착했다.)

단, 빈도 또는 정도를 나타내는 부사는 'be'동사 뒤에, 일반동사 앞에 위치한다; always, almost, usually, often, sometimes, seldom, rarely, never 등

She sometimes disagrees with me.

(그녀는 때로 나와 의견이 다르다.)

*She disagrees sometimes with me.

Sometimes she disagrees with me.

She disagrees with me sometimes.

We started so late that we almost missed the train.

(우리는 너무 늦게 출발하여 하마터면 기차를 놓칠 뻔 했다.)

 시간에 대한 다음 문장에 적절한 부사(구)를 고르시오.

1) We haven't seen much of you (late, lately).
2) I couldn't understand English at all (at first, first).
3) I arrived first and she arrived (late, later).

Answer 1) lately 2) at first 3) later

부사의 기능과 용법에 대해 간단히 살펴보자.

❶ 수식기능

부사는 형용사, 동사, 다른 부사(구), 문장을 수식하며 때로 명사를 강조하기 위해서도 사용된다.

    a. The wolf looked <u>very</u> huge. (형용사수식)

       (그 늑대는 매우 커 보였다.)

    b. The boy cried <u>loudly</u>. (동사수식)

       (그 소년은 크게 소리쳤다.)

    c. The shoemaker worked <u>very</u> hard. (부사수식)

       (그 제화공은 매우 열심히 일했다.)

    d. <u>Once</u> a farmer found a yellow and shiny egg. (문장수식)

       (옛날에 어떤 농부가 노란 반짝이는 계란을 발견했다.)

      <u>Perhaps</u> my suggestion will be accepted.

       (아마 내 제안이 받아들여 질 것이다.)

    e. We expect everybody <u>else</u> to come to the party. (명사 강조)

       (우리는 그 밖에 모두가 파티에 오기를 기대한다.)

      He is <u>certainly</u> a winner.

       (그는 분명히 승자다.)

❷ 정도의 부사와 형용사의 용법

; 부사 so, too, enough, very와 형용사 such의 관계를 살펴보자.

He is **very rich** and can help others. ('very'는 앞에서 수식)

⇒ He is **rich enough** to help others. ('enough'는 뒤에서 수식)

⇒ He is **not too** poor to help others. ('too – to 부정사'로 표현)

⇒ He is **so rich** that he can help others.

('so + 형용사 [또는 부사] + that'으로 표현)

⇒ He is **such a** rich man that he can help others.

('such + 관사 + 명사 + that'으로 표현)

⇒ He is **so rich** a man that he can help others.

(현재는 거의 사용안함)

('so + 형용사 + 관사 + 명사 + that'으로 표현)

The movie is very good and you shouldn't miss it.

⇒ The movie is too good to miss.

(종속절을 부정사/동명사로 바꾸면 주어와 일치하는 목적어는 생략한다.)

⇒ The movie is so good that you shouldn't miss it.

(부사절로 바꾸면 복문이 되므로 생략하지 않는다.)

⇒ It is so good a movie that you shouldn't miss it.

(현재는 거의 사용안함)

⇒ It is such a good movie that you shouldn't miss it.

cf. 'Enough'가 부사로 사용되면 반드시 수식하는 단어 뒤에 위치한다.

He is old enough to solve the problem for himself.

(그는 혼자 힘으로 그 문제를 해결할 정도로 나이가 들었다.)

He worked hard enough to pass the exam.

(그는 시험에 합격할 정도로 열심히 공부했다.)

1) The couple decided rather suddenly to alter the plans for their vacation (considerable, considerably).
2) Whose brilliant idea was it to take this (supposed, supposedly) shortcut?
3) The (worried, worriedly) mother scolded the little girl.

Answer 1) considerably 2) supposed 3) worried

7.3. 부사 간의 관계

❶ very와 much의 차이

a. 원급은 'very', 비교급은 'much'를 사용한다.

He works very hard, but she works much harder.

(그는 열심히 공부하지만, 그녀는 더 열심히 공부한다.)

b. 부사, 형용사를 수식할 때에는 'very', 동사를 수식할 때는 'much'를 사용한다.

Thank you very much. (매우 감사합니다.)

My hairstyle hasn't changed much since I went to high school.

(고등학교 이후에 내 머리스타일은 크게 바뀌지 않았다.)

❷ too와 either의 용법; 'too'는 긍정문에 'either'는 부정문에 사용된다.

His mother's coming, too. (그의 어머니도 역시 오신다.)

His mother's not coming, either.

(그의 어머니도 역시 오시지 않는다.)

A: I like Chinese food a lot. (나는 중국음식을 좋아한다.)

B: I do, too. [So do I.] (나도 그래.)

A: I don't like greasy food. (나는 기름진 음식을 좋아하지 않는다.)

B: I don't either. [Neither do I.] (나도 좋아하지 않는다.)

❸ 부정의 'neither, nor, either'의 용법; 'neither, either'는 부사이며, 'nor'는 접속사이다.

He couldn't speak, and neither could he walk. (문어체)

He couldn't speak, nor could he walk. (문어체)

He couldn't speak, and he couldn't walk either. (구어체)

He couldn't speak or walk, either. (구어체)

❹ still (아직), yet [as yet], ready의 차이

모두 시간에 관련된 부사로 양보(concession)의 의미를 지닌다.

　a. 긍정문에서 'already(이미)', 'still(아직)'을 주로 사용한다; yet(아직)을 사용하면 감정적 의미가 있으며 문장 뒤에 사용한다.

　　She already likes him. (그녀는 이미 그를 좋아하고 있다.)

　　She still likes him. (그녀는 아직 그를 좋아하고 있다.)

= She likes him yet. (그녀는 아직도 그를 좋아하고 있다.)

There's still plenty of time. = There's plenty of time yet.

(아직 충분한 시간이 있다.)

b. 부정문에는 'yet(아직)' 또는 'still(아직)'을 사용한다.

I still haven't spoke to him. (나는 아직 그에게 말하지 않았다.)

⇒ I haven't spoke to him yet [as yet].

c. 의문문에서는 'yet(이미)'을 사용하지만, 'already(벌써)'를 쓰면
기대 이상의 놀람을 표시한다.

Have you seen him yet? (너는 이미 그를 보았느냐?)

Have you already seen him? (너는 벌써 그를 보았는냐?)

Do you still see him? (너는 아직도 그를 만나니?)

d. 'yet'(아직) 과 'as yet'(아직까지); 완료형에 사용하며 'as yet'은
'yet'보다 격식있는 표현이다.

I have not received their response yet [as yet].

(나는 아직 그들의 응답을 받지 못했다.)

– 부정의문문에서는 대개 'yet'만 사용한다.

Hasn't she arrived yet [*as yet]?

(그녀는 아직 도착하지 않았느냐?)

He is very kind. He is loved by all.

Answer He is very kind, so he is loved by all.
He is so kind that he is loved by all.
He is such a kind man that he is loved by all.
He is so kind a man that he is loved by all.
(so + 형용사 + 명사가 오는 특별 용법임. 관사 위치가 바뀐다.)

1 아래 빈도를 나타내는 부사가 들어갈 문장에서의 위치를 고르시오.

always, seldom, often, sometimes, never, usually

> **ex** I walk to work. 　　　　　　　　정답: walk 앞

1) I was late for class.

2) The plane are on time.

3) Are the bus crowded?

4) Does it snow here in January?

5) The students ask questions.

6) I cook the meals at my house.

7) Our teacher gives us a lot of homework.

2 다음 각 쌍의 문장에서 어법에 맞는 단어에 밑줄을 치시오.

> **ex** We should (eagerly, eager) accept the challenge.
> We should be (eagerly, eager) to accept the challenge.

1) We are living in a (rapid, rapidly) changing world.

   The (rapid, rapidly) change of the world are puzzling.

2) She wears a (bright, brightly) colored scarf.

   (Bright, Brightly) smile and friendly demeanor makes us happy.

3) Most accidents can occur (incredible, incredibly) quickly.

   My (incredible, incredibly) experience attracted me to Buddhism.

4) He did very (good, well) on the last test.

He got a (good, well) grade on the last test.

5) The race was held under (extreme, extremely) humid condition.

3 다음 대화에 'yet, already, still, anymore'를 넣어서 완성하시오.

Minsu; Where's Jinsu? Hasn't he arrived (1) _____?

Kisu: No, he's (2) _____not here. Should I call him?

Minsu: No, I've (3) _____ tried. He's not at his home.

Kisu: I'll try the office. Maybe he hasn't left (4) _____.

Minsu: Good idea. He might (5) _____ be there.

Secretary: (the phone is ringing!) Kim and Jang Law Office.

Kisu: Is Kim Jinsu there?

Secretary: I'm sorry. He isn't here. He's (6) _____ left for the

day.

Kisu: Okay, thank you. (after 10 minutes)

Joe: Sorry. I'm late. I was stuck in a traffic jam for 30 minuts.

I won't be late (7) _____.

4 시간에 대한 표현에서 적절한 단어에 밑줄을 치시오.

> **ex** He hasn't phoned (still, yet).   정답: yet

1) I'll see you tomorrow at 10 (o'clock, hour).

2) You should eat the soup while it's (still, yet) hot.

3) The experience wasn't so bad (after all, finally).

4) I only ever met her (once, one time).

5) Who phoned (just, just now)?

08 전치사

8.1. 전치사의 종류

전치사는 명사와 결합하여 장소, 위치, 시간, 원인과 이유, 목적, 수단, 소유 등을 나타내며, 문장에서 부사구 또는 형용사구의 역할을 한다.

One hot day <u>after</u> a long afternoon pulling the plow,
시간

the oxen returned <u>to</u> the barn, hungry <u>for</u> the dinner,
장소   목적

but the dog was lying <u>in</u> the manger <u>on</u> the hay.
장소   위치

(더운 어느 날 쟁기질을 하면서 긴 오후를 보낸 뒤에, 황소는 헛간에 들어와서 배가 고파 저녁을 먹으려고 했지만, 여물통 속의 건초 위에 개가 누워 있었다.)

다음으로 주요 전치사의 의미에 대해 살펴보기로 하자.

8.1.1. 위치 전치사

공간적으로 위치 전치사의 의미관계는 다음과 같이 표시할 수 있다.

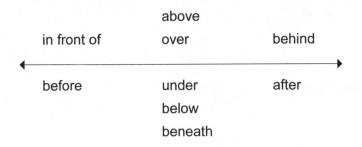

a. 대칭관계

The picture is above the table. ⇔ The table is below the picture.

The bus is in front of the car. ⇔ The car is behind the bus.

b. 의미차이

'over'(위에)와 'under'(아래에)는 표면에 인접한 상하의 위치를 나타내며, 'above'(위쪽에)와 'below'(아래쪽에)는 상하가 아니라도 단순히 높은 위치(on a higher / lower level than)를 나타낼 수 있다.

<u>Above / Over</u> the door was a sign, saying 'Mind your head.'   (둘 다 가능)

(문 위에는 '머리 조심'이라는 표시가 있었다.)

They lived in the mountain <u>above</u> [?over] the lake.

(그들은 호수 위쪽의 산에 살았다.)

The castle stands on a hill <u>above</u> [?over] the valley.

(그 성은 계곡 위의 언덕 위에 있다.)

Keep the blanket over [*above] you while sleeping.

(잘 때는 담요를 덮어라.)

She put a mattress <u>over</u> [on, *above] the bed.

(침대 위에 메트리스를 놓아라.)

The police found the stolen money under [?below] the carpet.

(경찰은 카펫 아래에서 훔친 돈을 발견했다.)

8.1.2. 시간의 전치사

❶ 'for, during'의 차이

대체로 숫자가 포함된 기간은 'for', 숫자로 표시되지 않은 기간은 'during' 또는 'in'을 쓴다.

I have stayed at home for [*during] three weeks.

(나는 3주 동안 집에 머물렀다.)

I went to the temple of Bulkuksa during [*for] the last summer vacation.

(나는 여름방학 동안 불국사에 갔다.)

We talked for a long time. (정해지지 않은 기간)

(우리는 오랫동안 이야기 하였다.)

I stayed at home in [during] the summer.

(나는 여름에 집에 머물렀다.)

❷ 'within, in, after'의 차이

① in; '지나서'(at the end of a period of time)라는 의미로 주로 경과된 과정의 마지막 시점을 의미한다.

I'll be there in a minute.

(나는 곧[일분 후에] 거기에 도착할 것이다.)

The movie is coming out in a few months.

(그 영화는 몇 달 후 출시될 것이다.)

He got his degree in only three years.

(그는 단지 3년 만에 학위를 받았다.)

② after; '뒤에, 후에'(later than)라는 의미로 정해진 시간이 지난 다음을 의미한다.

We arrived shortly after six o'clock.

(우리는 여섯 시가 좀 지나 도착했다.)

He returned after 20 years. (그는 20년 뒤에 돌아왔다.)

③ within; '안에'(before the end of)라는 의미로 기간 이전을 의미한다.

Most students find a job within a year after graduation.

(대부분의 학생들은 졸업 후 1년 안에 직업을 얻는다.)

Scientists predict that a cure will be found within the next five years.

(과학자들은 치료제가 향후 5년 안에 발견될 것이라고 예측한다.)

She made several friends within days of moving into her new apartment.

(그녀는 자신의 세 아파트로 이사한 지 며칠 안에 몇몇 친구를 사귀었다.)

❸ 'by'와 'until'의 차이

정해진 시점까지 행위가 계속되면 until(-까지 계속해서), 단순히 정해진 시점을 나타내면 by(-까지; not later than) 사용한다.

We have to <u>leave</u> by noon at the latest.

(아무리 늦어도 정오에는 떠나야 한다.)

We will <u>stay here</u> until tomorrow.

(내일까지 여기에 머물 것이다.)

8.1.3 제외 또는 포함을 나타내는 전치사

; except, except for, but, besides, in addition to, apart from

❶ 'except'와 'except for'의 차이

의미는 유사하지만, 문장구조에 따라 달리 사용된다. 즉, 명사(구) 앞에서는 둘 다 사용 가능하지만, 전치사나 절 앞에서는 'except'만 사용한다.

The price of the hotel includes all meals except (for) **lunch**.

(그 호텔 요금에는 점심식사 이외에 모든 식사를 포함하고 있다.)

I had no money except (for) **a few coins** in my pocket.

(나는 호주머니에 동전 몇 개 이외에는 돈이 없다.)

I rarely go downtown except [*except for] **to do some shopping.**

(나는 쇼핑을 하지 않으면 시내에 거의 가지 않는다.)

The mannequin looks just like the real thing, except [*except for] **(that) they are made of plastic.**

(그 마네킹은 플라스틱으로 만들었다는 사실을 빼면, 거의 실물처럼 보인다.)

❷ 'except(for), but, besides, in addition to, apart from'의 의미 차이

집합에서 보면, 'except (for)'와 'but'은 제외(exclude)를 의미하고, 'in addition to'는 포함(include)을 의미하며, 'besides'와 'apart from'은 제외와 포함 둘 다에 사용할 수 있다. 특히 'in addition to(덧붙여)'는 부정의 의미로는 사용하지 않는다.

In addition to [Besides] baseball, I enjoy watching soccer and basketball.

(야구뿐만 아니라, 나는 축구와 농구를 보기를 좋아한다.)

There is no way out in the theatre except (for) [*in addition to] upwards.

(위쪽 말고는 그 극장에는 출구가 없다.)

Just after the operation he could see nothing but [except (for), *in addition to] vague shadows.

(수술 후에는 그는 희미한 그림자 이외에는 아무것도 볼 수 없었다.)

다음 문장의 괄호 속에 공통으로 들어갈 전치사를 넣으시오.

---

a. Mr. Lee finished his job quickly (　　) working hard.
b. This beautiful sitting cushion was made (　　) hand.
c. We loosened the screw (　　) turning it counterclockwise.
d. I reduced my fever (　　) taking medicine.
e. We keep in touch with our daughter in America (　　) visual telephone.

Answer by

8.2. 전치사의 기능과 용법

전치사는 문장에서 명사 또는 대명사와 결합하여 다음과 같은 다양한 기능을 가진다.

a. 형용사구로 수식어 역할

His dislike <u>for smokes</u> is desirable.

(그가 담배를 싫어하는 것은 바람직하다.)

b. 부사구 역할

She rarely comes to bed <u>before 12 pm</u>.

(그녀는 12시 전에는 거의 자지 않는다.)

c. 형용사구로 보어 역할

Things can go <u>from bad to worse</u>. (상황은 악화될 수 있다.)

다음으로 주요 전치사의 기능과 용법을 살펴보자.

8.2.1. 전치사 'at, on, in'의 용법

이 세 가지 전치사는 가장 널리 사용되고 용법이 다양하므로 간단히 알아두면 유용하다.

❶ 장소(position)

① at의 용법

– 하나의 특정 지점(spot)을 나타낼 때 사용한다.

at the bus stop, at the North Pole, at the end of the road

– 직장 또는 직업의 의미를 지닌다.

She is at Oxford. [She is a student in Oxford University].

She is in Oxford. [She is now staying in the City of Oxford].

She is at school. (그녀는 학교에서 공부한다. 그녀는 학생이다.)

She is in the school. (그녀는 학교 건물 안에 있다.)

② on의 용법

  - 선(line)의 개념이 있다.

  Incheon is situated on the River Hankang [on the boundary, on the coast].

  (인천은 한강[경계, 해안]에 있다.)

  - 표면(surface)의 의미를 지닌다.

  A notice was pasted on the wall [on the ceiling, on the board].

  (공고문이 벽 위에 [천정에, 게시판에] 있다.)

  The frost made patterns on the window.

  (서리가 창문에 무늬를 만들었다.)

③ in의 용법

  - 지역(area) 또는 공간(space)의 의미를 지닌다.

  in the world, in the village, in a park, in Asia, in China, in New York, in a box, in the temple 등

  We can slip in the bathroom.

❷ 시간(time)

  ① at의 용법

  - 특정 시점(points of time)을 나타낸다.

  at ten o'clock, at 6:30 p.m., at noon, at Christmas, at night, at breakfast time

  At night I usually have the windows open.

  (밤에는 나는 대개 창문을 열어 놓는다.)

② on의 용법

- 날(day)과 요일(day)을 나타내는데 사용한다.

   on Monday, on the following day, on November 10,
   on New Year's day

- 특정시점을 나타내는데 사용한다.

   on Monday morning, on the morning of July 1

- 정시의 의미도 지닌다.

   Trains leaves the station on the hour. [hourly]

   (기차는 정시에[매시간 마다] 역을 떠난다.)

③ in의 용법

- 주로 긴 기간(period)의 개념으로 'during'(동안)과 비슷하다.

   in the morning, in the late afternoon, in (the) sum-
   mer, in August, in 1969, in the eighteenth century

   I wake up several times in the night.

   (나는 밤중에 여러 번 일어난다.)

   I work from 7 to 9 at night.

   (나는 밤 7시부터 9시까지 일한다.)

- 주로 시간의 간격(space) 또는 경과를 나타내는데 사용한다.

   We meet in three months' time.

   (우리는 3달 간격으로 만난다.)

   He finished the job in three months.

   (그는 3달 만에 그 일을 끝냈다.)

cf. 'in'과 'for'의 차이

We camped at the beach in the summer.

(우리는 여름에 얼마동안[for some time] 해안에서 캠핑을 했다.)

We camped at the beach for the summer.

(우리는 여름 내내[all summer] 해안에서 캠핑을 했다.)

❸ 개별적인 특성

a. at의 용법

어떤 분야에 대한 개인의 능력 또는 감정을 나타내는데 사용한다.

He's good [an expert] at organizing plans.

(그는 기획을 입안하는데 뛰어나다[전문가다].)

I was a complete dunce at English.

(나는 영어를 아주 못한다.)

She's getting on very well at her job.

(그녀는 자신의 일을 잘하고 있다.)

I was surprised [delighted] at the news.

(나는 그 소식에 놀랐다[기뻤다].)

b. on의 용법

'-에 관하여, 대하여(concerning)'라는 의미로 'about' 또는 'on'을 쓸 수 있다. 그러나 'on'은 주로 연설, 강의, 작문 등 체계적 공식적인 활동에 사용되는 반면에 'about'는 '잡담(chat), 언쟁(quarrel)'과 같은 일상 행위에 사용한다.

She spoke on butterflies. (그녀는 나비에 대해 논하였다.)

She spoke about butterflies.

(그녀는 나비에 대해 이야기하였다.)

We chatted about [?on] our school days.

(우리는 학생 시절에 대해서 이야기하였다.)

c. in의 용법

전체 또는 집단에 대한 소속된, 구성원(member) 또는 존재를 나타낼 때 사용한다.

a member in the army (군대의 한 요원), a character in a story (이야기 속의 인물), a scene in a movie (영화 속의 한 장면)

She is in the Korean Navy. (그녀는 한국 해군에 있다.)

He saw it in a dream. (그는 꿈 속에서 그것을 보았다.)

She used to play in [=as a member of] a band.

(그녀는 밴드에서 연주했다.)

There are 12 in a dozen. [=A dozen is equal to 12.]

(한 다스에는 12개가 있다.)

8.2.2. 전치사 'of'의 용법

전치사 'of'는 의미상 두 명사구 간의 주어관계, 소유관계, 목적어관계, 동격관계 네 가지를 나타낼 수 있다.

❶ 소유관계

'A of B'에서 둘 중 하나가 다른 하나를 소유할 때, 'of'를 소유격 전치사라 한다.

The legs of the table are broken. (The table has legs.)
(그 탁자의 다리가 부러져 있다.)

I threw out **that old shirt of yours**. (You had that old shirt.)
(나는 너의 오래된 셔츠를 버렸다.)

She's **a friend of my mother's**. (My mother has a friend.)
(그녀는 나의 어머니의 친구다.)

He is **a man of courage**. (The man has courage.)
(그는 용기있는 남자다.)

A가 B의 일부로 포함될 때에도 소유관계를 나타낸다고 한다.

He is **one of my friends**. (I have some friends.)
(그는 나의 친구 중의 하나다.)

❷ 동격관계

'A = B' 일 때에, 'of'를 동격의 전치사라고 한다.

the country of Ireland (아일랜드라는 국가), the city of Rome (로마시)
the month of August (8월 달)

❸ 주어관계

'A of B'에서 B가 의미상 A라는 행동의 주어 역할을 할 때 주격 전치사라 한다.

We are waiting for the arrival of guests. (Guests arrive.)
(우리는 손님이 도착하기를 기다리고 있다.)

The departure of the ship is delayed. (The ship departs.)
(배가 출발하는 것이 연기되었다.)

The landing of the airplane is exciting. (The airplanes land.)
(비행기가 착륙하는 것은 멋있다.)

❹ 목적어관계

'A of B'에서 B가 A의 목적어 또는 대상(object)일 때 목적격 전치사라 한다.

Teachers don't like the evaluation of students. (evaluate the students)

(선생님은 학생들을 평가하는 것을 싫어한다.)

(cf. '학생들이 평가하는 것'으로 해석하면 'of'는 주격 전치사가 된다.)

We fear the destruction of the earth. (destruct the earth)

(우리는 지구를 파괴하는 것을 두려워한다.)

The police conducted an investigation of the crime. (investigate the crime)

(경찰은 그 범죄에 대한 조사를 실시하였다.)

때로 주격과 목적격이 분명하지 않을 때는 문맥(context)에서 파악해야 한다.

The shooting of the rebels is dangerous.

(주격; 반역자들이 총을 쏘는 것은 위험하다.)

(목적격; 반역자들을 사살하는 것은 위험하다.)

1) a. She blamed me (　) the divorce.
   b. She accused me (　) the divorce.
   c. She blames the divorce (　) me.

2) a. We should provide the homeless (　) food and shelter.
   b. We should provide food and shelter (　) the homeless.
   c. It is wise to provide (　) a rainy day.

3) a. Zaire was formerly known (　) the Congo
   b. She was widely known (　) her generosity.
   c. The temple is well known (　) the public.

Answer 1) for, of, on　2) with, for, for[against]　3) as, for, to

8.3. 전치사의 생략

다음과 같은 경우에는 전치사를 사용하지 않는다.

a. 시간의 부사구 안에 지시어(last, next, this, that)와 수량 형용사(some, every, all, two, three 등)가 있을 때 전치사(at, on, in)를 사용하지 않는다.

I will meet him next Friday [*on next Friday].

(나는 그를 다음 금요일 만날 것이다.)

Apples are more plentiful this year.

(사과가 오래 더욱 풍작이다.)

We stayed there all week.

(우리는 거기에 1주일 내내 머물렀다.)

Some day, you'll be proud of this decision.

(언젠가 너는 이 결정을 자랑스러워 할 것이다.)

I saw her last Thursday [*on last Thursday].

(나는 지난 목요일 그녀를 만났다.)

Three times a week, we go for a walk.

(일주일에 3번 우리는 산책을 간다.)

위의 경우 생략되는 전치사는 at, on, in이며 그 외의 전치사는 생략할 수 없다.

I'll see you before next Friday.

(나는 다음 금요일 전에는 너를 만나겠다.)

그리고 두 가지 표현 모두를 사용할 수 있을 경우 전치사가 생략된 표현이 보다 일상적인(informal)인 표현이다.

I'll see you (on) Monday. (나는 너를 월요일 만나겠다.)

We met (on) the following day. (우리는 다음 날 만났다.)

We met (on) that day. (우리는 그날 만났다.)

(On) Sundays we usually go hiking.

(일요일에는 우리는 하이킹간다.)

b. 상태 동사 뒤에 기간을 나타내는 'for'는 생략할 수 있다.

We stayed there (for) three months.

(우리는 3달 동안 거기에 머물렀다.)

The rainy weather lasted (for) the whole time we were there.

(우리가 거기에 있는 내내 우기가 계속되었다.)

(For) a lot of time, we just lay on the beach.

(오랫동안 우리는 해안에 누워 있었다.)

단, 상태동사가 아닌 동작동사(dynamic verb) 다음에서는 'for'를 생략할 수 없다.

I <u>lived</u> there (for) three years.

('for' 생략 가능; 나는 3년 동안 거기에 살았다.)

I <u>taught</u> him English **for** three years.

('for' 생략 불가; 나는 그에게 3년 동안 영어를 가르쳤다.)

I haven't spoken to her **for** a month.

('for' 생략 불가; 나는 그녀에게 한 달 동안 말하지 않았다.)

c. 기간을 나타내는 'all' 앞의 전치사는 생략해야 한다.

We stayed there all (the) morning [day, week].

(우리는 거기에 아침[하루, 일주] 내내 머물렀다.)

*We stayed there for all (the) morning [day, week].

d. 보어 구실을 하는 명사구 앞에서 'of'가 생략되는 경우도 있다.

We are (of) the same age. (우리는 동갑이다.)

It's (of) no use. (그것은 소용이 없다.)

a. We stayed there three months.
b. Every Sunday we go a walk.
c. I haven't met her all the week.
d. We met the following day.
e. His book was published last January.

8.4. 전치사와 부사의 관계

❶ 전치사 중에서 'for, to, at'은 항상 전치사로만 사용된다. 그러나 나머지 모든 전치사는 부사로도 사용될 수 있다. 그 차이점은 의미와 형태를 이용하여 구별할 수 있다.

a. 의미; 전치사로 사용되면 뒤의 명사와 결합하고 고유의 의미를 가지지만, 부사로 사용되면 앞의 동사와 결합하여 관용적인 의미를 가진다.

He came <u>by</u> the fire. (전치사; 그는 불 옆에 왔다.)

He will <u>come by</u> [visit] this afternoon.

(부사; 그는 오늘 오후 들를 것이다.)

Put the key <u>by</u> the TV. (전치사; 열쇠를 TV 옆에 두어라.)

You should <u>put by</u> [save] some money for your old age.
(부사; 노후를 대비하여 저축해야 한다.)

b. 형태; 전치사는 반드시 목적어를 수반하지만, 부사는 단독으로 사용될 수 있다.

He fell down the hill. (전치사; 그는 언덕 아래로 넘어졌다.)
He fell down. (부사; 그는 넘어졌다.)

She walked across the street.
(전치사; 그녀는 거리를 가로질러 걸었다.)
She walked across. (부사; 그녀는 가로질러 갔다.)

The dog went for me. (전치사; 개가 나를 쫓아왔다.)
*The dog went for.
('for'는 전치사로만 사용되므로 반드시 목적어를 수반해야 한다.)

c. 전치사는 동사와 분리할 수 없지만, 부사는 목적어 뒤로 이동할 수도 있다.

She looked at the flower. [*She looked the flower at.]
(전치사; 그녀는 그 꽃을 보았다.)

She looked up the hill. [*She looked the hill up.]
(전치사; 그녀는 언덕 위를 보았다.)

She looked up the word. [She looked the word up.]
(그녀는 그 단어를 찾아보았다.)

She looked it up. [*She looked up it.]
(대명사는 반드시 동사와 부사 사이에 두어야 한다.)

She walked across the street. [*She walked the street across.]

(전치사; 그녀는 거리를 가로질러 걸었다.)

❷ 부사로 사용되는 전치사구

다음 표현은 형태는 전치사구이지만 부사로 사용된다.

He is <u>near to</u> (being) mad. (nearly)

This seems <u>next to</u> impossible. (almost)

<u>Close to</u> 200 people came to the meeting. (almost)

She is <u>far from</u> (being) weak. (anything but, never)

 다음 밑줄 친 전치사구를 한 단어로 바꾸시오.

a. He decided to study Chinese <u>in earnest</u> this vacation.

b. Typhoon occurs <u>with some frequency</u> during summer.

c. Borrowing money from her is completely <u>out of the question.</u>

 a. earnestly   b. frequently   c. impossible

1 다음 괄호 속에 공통으로 들어갈 전치사를 넣으시오.

ex Mr. Lee opened the door (   ) his key.
We eat rice (   ) a spoon and chopsticks.   정답: with

1) He was convicted of burglary and sentenced (   ) three years
in prison.

We're really indebted (   ) you for all the help you've given us.

I'm very susceptible (   ) advertising.

How long has she been married (   ) him?

It's immaterial (   ) me whether our neighbors approve or not.

2) You don't want to get involved (   ) that kind of business.

He's incapable of even driving a nail (   ) straight.

3) We were all surprised (   ) their sudden decision to leave the
district.

The skirts take aim (   ) summer

2 다음 괄호 속에서 문장구조에 맞는 말에 밑줄을 치시오.

ex (Although, In spite of) their light weight, aluminum alloys
are very strong.

1) (Although, In spite of) its frightening appearance, the octo-
pus is shy and harmless.

2) Natural silk is highly prized (even though, in spite of) similar
artificial fabrics are available.

3) While all birds are (alike, like) in that they have feathers and lay eggs, there are great differences among them (in terms of, because of) size, structure, and color.

3 다음은 여행준비에 대한 이야기다. 괄호 속에 적절한 전치사를 넣으시오.

There are so many things you have to do when you travel. Always make sure your luggage has a label (①) it. If you're going (②) bus, the first thing you have to do is buy yourself a ticket. You usually have to stand (③) a queue and it's easy to miss your train, and then waste hours waiting (④) the next one! You buy a single or return ticket [a one-way or round trip ticket], and then look for a carriage where you hope you will find an empty seat. At last, you can get into the train and settle down (⑤) enjoy the journey. If you're lucky, the train leaves the station on time. Sometimes a conductor comes around to examine your ticket, but usually you travel (⑥) interruption and can enjoy the ride. You can relax till it's time for you (⑦) get off when you arrive at your station.

09 접속사

9.1. 접속사의 기능

    문장성분을 연결하는 단어를 접속사라 한다. 접속사는 크게 대등한 성분을 연결하는 대등접속사와 종속관계를 나타내는 종속접속사로 나눈다. 대등접속사는 두 개의 주절을 연결하지만, 종속접속사는 주절과 종속절을 연결한다.

❶ 대등접속사를 사용하면 두 개의 정보가 대등하며, 이 경우 둘 다 주절이다.

He has quarrelled with the manager, and he has resigned.

(그는 관리인과 다투어서 사임하였다.)

He tried hard, but he failed.

(그는 열심히 노력했으나, 실패하였다.)

❷ 종속접속사는 문장의 중심이 되는 주절에 배경이 되는 부가적인
정보를 추가한다.

Since he works hard, he will be promoted.
종속절(부가적인 정보)   주절(주 정보)

(그는 열심히 노력하기 때문에 승진할 것이다.)

Although he tried hard, he failed.
종속절(부가적인 정보)

(그는 열심히 노력했지만, 실패했다.)

He tried hard, although he failed.
종속절 (부가적인 정보)

또한 문장 구조상으로 대등 접속사로 연결되는 성분은 동일한 형태
를 가져야 한다.

He likes swimming, jogging, and playing [*to play] tennis.
(그는 수영, 조깅, 테니스를 하는 것을 좋아한다.)

He got up, took a shower, and ate [*has eaten] breakfast.
(그는 일어나서, 샤워를 하고, 아침을 먹었다.)

To judge your friends, you should not listen to his
speech but observe his behaviour [*observation of his
behavior].

(당신의 친구를 판단하기 위해서는 그의 말을 듣는 것이 아니라, 그의
행동을 관찰해야 한다.)

1) Some people arrived in taxis (   ) others took the subway.
2) Small sailboats can easily capsize (   ) they are not handled carefully.
3) (   ) a wave moves toward shore, its shape is changed by its collision with the sea bottom.

Answer   1) while, but   2) when, if   3) As

9.2. 접속사의 종류와 용법

접속사는 의미에 따라 대략 다음 일곱 가지로 구분할 수 있다. 또한 접속부사(conjunctive adverb)도 접속사와 같은 의미를 가질 수 있다. 이를 분류하면 다음과 같다.

기능 \ 유형	접속사		접속부사
	대등접속사	종속접속사	
첨가	and, nor, or		besides, in addition, furthermore, moreover
대조	but, or, (and) yet	though, although, while, whereas	however, nevertheless, nonetheless, on the contrary, on the other hand
조건	or	if, unless	otherwise
이유, 원인	for	as, since, because	
결과		so (that)	consequently, otherwise, therefore, thus
시간		after, before, when, while	afterward, meanwhile, next
양보		if, whether	

❶ 접속사와 접속부사의 관계

실제 두 개의 문장은 상황에 따라 다양한 접속사 또는 접속부사로 결합할 수 있다. 예를 들어 다음 두 개의 단문을 결합해 보자.

> I avoided desserts. I was trying to lose weight.
> (나는 디저트를 피했다. 나는 몸무게를 줄이려고 노력하고 있다.)

a. 대등 접속사를 사용하는 경우

  I was trying to lose weight, and I avoided desserts. (중문)

  I avoided desserts, for I was trying to lose weight. (중문)

  *For I was trying to lose weight, I avoided desserts.

  (접속사 'for'는 문두에서는 사용하지 않는다.)

b. 종속접속사를 사용하는 경우

  I avoided desserts because [since, as] I was trying to lose weight. (이유; 복문)

⇒ As [Because, Since] I was trying lose weight, I avoided desserts.

  (의미가 유사하지만 'for'는 대등접속사, 'because, as, since'는 종속접속사로 분류하고 있다.)

⇒ I was trying to lose weight, so (that) I avoided desserts.

(결과; 복문)

  (나는 몸무게를 빼려고 노력하고 있다. 그래서 나는 디저트를 피했다.)

⇒ I avoided desserts so that I could lose weight.

(목적; 복문)

  (나는 몸무게를 빼기 위해서 디저트를 피했다.)

c. 접속부사를 사용하는 경우

I was trying to lose weight. Therefore [Consequently], I avoided desserts.

(나는 몸무게를 줄이려고 노력하고 있다. 그래서 나는 디저트를 피했다.)

d. 문장부호인 세미콜론(;)으로 연결할 수 있다.

I was trying to lose weight; therefore, I avoided desserts.

(세미콜론 다음에는 관계를 명확하게 하기 위해 대개 접속부사를 사용한다.)

❷ 'if'와 'whether'의 용법

접속사 'if'와 'whether'의 용법은 다음과 같은 특징이 있다.

a. 목적어 역할을 하는 명사절에서는 둘 다 사용할 수 있다.

The waiter asked whether [if] I wanted meat (or fish).

(그 웨이터는 내가 육류(또는 어류)를 원하는지 물었다.)

The survey asked whether [if] they were opposed to the war (or not).

(그 조사는 그들이 전쟁에 반대하는지 그렇지 않은지를 물었다.)

⇒ The survey asked whether or not [*if or not] they were opposed to the war.

('if' 바로 뒤에 'or not'을 붙여 쓰지는 않는다.)

b. 'if'(-한다면, -하더라도)는 조건과 양보의 부사절에 사용한다; 반면 'whether'는 선택(-인지 아닌지, -이든 아니든)의 부사절에 사용한다.

They will help you if [*whether] you ask them politely. (양보)

(네가 그들에게 공손하게 요청하면 그들이 너를 도와 줄 것이다.)

He spoke ungraciously (even) if [though, *whether] not rudely.

(그는 무례하지는 않았지만, 무뚝뚝하게 말했다.)

Whether [*If] we win or lose, we must play fairly.

(이기든 지든, 정당하게 경기해야 한다.)

c. 다음과 같은 경우는 'whether'만 사용하며, 'if'를 사용할 수 없다.

– 'to'부정사 앞에서

He didn't tell us whether [*if] to wait for him or to go on without him.

(그는 우리에게 그를 기다려야 할지 그가 없이 계속해야 할지를 말하지 않았다.)

– 주어 역할을 할 때

Whether [*if] she likes the present is not clear to me.

(그녀가 그 선물을 좋아할지 안 할지가 분명하지 않다.)

– 보어 역할을 할 때

My problem is whether [*if] I should ask for another loan.

(나의 문제는 또 대출을 해야할지 말지에 대한 것이다.)

– 전치사 다음에서

It all depends on whether [*if] they will support us.

(그것은 그들이 우리를 지원할지 말지에 전적으로 달려 있다.)

❸ 그 외 'except'와 'like'도 오늘날 접속사로 널리 사용된다.

Every ship is a romantic object, except that we sail in.

(우리가 직접 항해하지 않는 한 모든 배는 낭만적인 것이다.)

I can say no more, except I love you.

(사랑한다는 말밖에 할 수 없습니다.)

She acts like [=as if] she's his girlfriend.

(그녀는 그의 여자친구처럼 행동한다.)

 다음 두 문장을 주어진 접속사를 이용하여 결합하시오.

1) The shirt is not yellow. It's not orange. (neither...nor)
2) The meeting was long. It was also boring. (not only... but also)

1) _____

2) _____

접속어(접속사와 접속부사)는 다른 단어와 상호 결합하여 관용적으로 사용될 수 있다.

몇 가지 주요 결합관계를 정리하면 다음 표와 같다.

유형	어휘
포함관계 (inclusive)	both...and, as well as, not only...but also
배제관계 (exclusive)	not...but, rather... than
긍정적 일치 / 동의 (Affirmative agreement)	so, too
부정적 일치 (Negative agreement)	neither, either
결과 (result)	so, so that, so + 부사, 형용사 + that, such a(n) + 형용사 + 명사
목적 (purpose)	so (that), in order that, lest ... should

구체적으로 예를 들어 살펴 보자.

a. 포함관계

The weather on Sunday will be **both** sunny **and** warm.

(일요일 날씨는 햇볕이 나고 따뜻할 것이다.)

⇒ The weather on Sunday will be sunny **as well as** warm.

⇒ The weather on Sunday will be **not only** sunny **but (also)** warm.

cf. 'Not only'가 문두에 오면 조동사가 주어 앞으로 나온다.

She not only worked hard, but (also) obeyed her parents.

(그녀는 열심히 일했으며, 부모님에게도 순종했다.)

⇒ Not only did she work hard, but (also) obeyed her parents.

cf. 'Not only...but also'는 뒤의 명사의 수에 as well as는 앞의 명사의 수에 동사가 일치하는 점에 유의해야 한다.

Not only he but also **his parents** like [*likes] her.

(그뿐만 아니라 그의 부모도 그녀를 좋아한다.)

⇒ **His parents** as well as he like [*likes] her.

b. 배제관계

You should **not listen to** what they say **but observe** what they do.

(너는 그들이 하는 말을 듣지 말고, 그들의 행동을 관찰해야 한다.)

c. 긍정적 일치

We are going to the theater, and **so are** [*do] **they**.

(우리는 극장에 갈 것이고, 그들도 갈 것이다.)

⇒ We are going to the theater, and **they are too** [also].

⇒ We are going to the theater, and **they are also going to the theater**.

She likes to travel, and **so does [*is] he**.

(그녀는 여행하기를 좋아하고, 그도 좋아한다.)

⇒ She likes to travel, and **she does too. [she also does]**

⇒ She likes to travel, and **she also likes to travel**.

d. 부정적 일치

I haven't finished my assignment yet, **and neither has she**.

(나는 나의 숙제를 끝마치지 않았으며, 그녀도 끝마치지 않았다.)

⇒ I haven't finished my assignment yet, **nor has she**.

⇒ I haven't finished my assignment yet, **and she hasn't either**.

e. 결과

He borrowed some money so that he could finish his education.

(그는 약간의 돈을 빌려서, 교육을 끝마칠 수 있었다.)

⇒ He borrowed some money, so he could finish his education.

He is **so kind** that everybody likes him.

(그는 매우 친절해서 모두가 그를 좋아한다.)

⇒ He is **such a good man** that everybody likes him.

(so + 형용사[부사], such [a + 형용사] + 명사)

He was in **such a hurry** that he almost pushed me over on the stairs.

(그는 매우 바빠서 나를 계단 위에서 밀어뜨릴 뻔했다.)

– 추상명사 앞에서는 'such a'가 아닌 'such'를 쓴다.

She looked at him in **such distress** that he looked away.

(그녀가 그를 매우 고통스럽게 보자 그는 고개를 돌렸다.)

f. 목적

So that [In order that] he could buy a house, he sold his car.

(그는 집을 사기 위해서 자신의 차를 팔았다.)

We took a taxi so that [in order that] we could get there early.

(우리는 거기에 일찍 도착하기 위해서 택시를 탔다.)

The President must reject this proposal, lest it (should) cause strife and violence.

(분쟁과 폭력이 유발되지 않기 위해서, 대통령은 이 제안을 거부해야 한다.)

cf. 'lest' 다음에는 'should' 또는 동사원형이 오며, 'not'을 쓰면 안된다.

⇒ The President must reject this proposal so that it would not cause strife and violence.

다음 문장에서 틀린 부분을 찾아서 고치시오.

1) It has been decided to do neither what you prefer or what I prefer.
2) Either you can work on this committee or join a different one.
3) We are challenged both by and frustrated with our job.

1 주어진 접속사를 이용하여 두 문장을 결합하시오.

ex Sumi didn't enjoy the movie. Nami didn't enjoy it. (neither / nor)
⇒ Neither Sumi nor Nami enjoyed the movie.

1) Sumi doesn't like sushi. Nami doesn't, either. (neither / nor)

_____

2) Sumi is a cadet. Nami is a cadet. (both / and)

_____

3) We can pay our taxes every six months. We can pay them
   once a year. (either / or)

_____

2 다음 빈칸에 접속사 'so, yet, nor' 중에서 적절한 것을 넣으시오.

ex The medicine didn't take effect, (   ) I took more. 정답: so

1) Some of my fillings were old, (   ) my dentist replaced them.

2) I haven't seen a dentist this year, (   ) do I plan to.

3) The doctor gave me an anesthetic, (   ) I still feel pain in
   that area.

4) Minsu didn't pass the written part of the test, (   ) did he
   pass the listening part.

5) I left my house early, (   ) I still got to work late.

3 다음 두 문장을 'rather than'으로 결합하시오.

> **ex** I don't want to go to a movie. I want to stay at home.
> ⇒ I prefer to stay at home rather than go to a movie.

1) I like tennis. I'll choose it over golf.

_____

2) The employer considered both Sumi and Nari for the job. He selected Sumi.

_____

3) The food was mild and tasteless. It wasn't flavorful.

_____

4) If you're tired, stay home. Don't go out.

_____

5) Mom put the new TV in the bedroom. She didn't put it in the family room.

_____

4 다음 두 문장을 'so...that' 또는 'such... that'을 이용하여 결합하시오.

> **ex** We liked the movie very much. We went to see it again last night.
> ⇒ We liked the movie so much that we went to see it again last night.

1) It was a very difficult test. I didn't make a high score.

_____

2) She reads many books. I'm sure she's read this one.

_____

3) The mechanic did a good job. Now my car runs like new.

_____

PART 4

문장론

여기에서는 문장 문법의 기본적인 분야, 즉 시제, 분사, 분사구문, 부정사, 동명사, 수동태, 비교급, 관계사(관계대명사와 관계부사), 가정법, 화법과 일치에 대하여 간단히 정리하였다.

01 시제

문장에서 시제(tense)란 상황이 발생하는 시점을 나타내는 것이다. 영어에서는 현재, 과거, 미래, 세 가지 기본시제와 그와 연관된 진행시제, 완료시제로 구분한다. 진행시제와 완료시제는 항상 기본시제를 기준으로 한다는 점을 명심해야 한다. 예를 들어, 현재를 기준으로 하는 현재, 현재완료, 현재진행 시제를 살펴 보자.

> He works hard. (현재; 그는 열심히 일한다.)
> He is working hard. (현재진행; 그는 열심히 일하고 있다.)
> He has worked hard. (현재완료; 그는 [지금까지] 열심히 일했다.)

각각의 시제의 형태는 다음과 같다.

❶ 기본시제
현재; 규칙동사는 동사원형을 사용하고, 3인칭 단수에는 's'를 붙인다.
> He works hard.

과거; 동사의 과거형을 사용한다.

He worked hard.

미래; 조동사(will, shall) + 동사원형을 사용한다.

He will work hard.

❷ 진행시제; 'be'동사 + 'ing'의 형태를 취한다. 여기에서 'be'동사부분은 시제를 나타내고, '-ing'는 진행을 나타낸다.

현재진행; He is working hard.
　　　　　　 현재　 진행

(현재기준; 그는 지금 열심히 일하고 있다.)

과거진행; He was working hard.
　　　　　　 과거　 진행

(과거기준; 그는 열심히 일하고 있었다.)

미래진행; He will be working hard.
　　　　　　　미래　　 진행

(미래기준; 그는 열심히 일할 것이다.)

❸ 완료시제; 'have + 과거분사'의 형태를 취한다. 여기에서 'have'동사는 시제를 나타내고, '과거분사'는 완료를 나타낸다.

현재완료; He has worked hard. (그는 [현재까지] 열심히 일했다.)
　　　　　　 현재　 완료

과거완료; He had worked hard before he retired.
　　　　　 과거　 완료

(그는 은퇴하기 전에 열심히 일했다.)

(과거완료는 기준이 과거이므로 반드시 과거시제가 문맥에 있어야 한다.)

미래완료; He <u>will have</u> <u>finished</u> the work before he travels
　　　　　　미래　　　完了

abroad.

(그는 해외 여행 전에 그 일을 끝마칠 것이다.)

(미래완료는 기준이 미래이므로 반드시 미래시제가 문맥에 있어야 한다.)

1.2. 시제의 기능과 용법

동사의 아홉 가지 시제의 기능과 용법을 살펴보자.

❶ 현재시제

a. 현재의 행동, 습관, 상태를 나타낸다.

He works hard. (현재의 행동; 그는 열심히 일한다.)

I go to the temple once a week.

(습관; 나는 매주 한 번 절에 간다.)

We live in Busan. (상태; 우리는 부산에 산다.)

b. 시제가 없는 사실은 현재(timeless present)로 표현한다.

Honesty is the best policy. (금언; 정직은 최선의 정책이다.)

War solves no problem.

(단정; 전쟁은 아무것도 해결하지 못한다.)

Water consists of hydrogen and oxygen.

(과학; 물은 수소와 산소로 구성된다.)

The earth moves around the sun.

(사실; 지구는 태양 둘레를 돈다.)

c. 가까운 미래는 현재시제를 대신 사용할 수 있다.

My son starts [will start] to work next month.

(나의 아들은 다음 달부터 직장에 나갈 것이다.)

The plane leaves [is going to leave] for Turkey at eight o'clock tomorrow.

(비행기는 내일 8시에 터키로 떠날 것이다.)

d. 이야기를 전달할 때 현재시제를 사용할 수 있다.

John tells me you're getting a new job.

(존이 나에게 네가 새 직장을 얻는다고 말했다.)

The morning news says that it's going to be cold today.

(아침 뉴스에서 오늘 추울 것이라고 말한다.)

❷ 과거시제

a. 과거에 종결되고 현재 지속되지 않는 사실을 나타낸다.

He stayed in China for several years.

(그는 여러 해 동안 중국에 머물렀다; 더 이상 중국에 머물지 않는다.)

He has stayed in China for several years.

(그는 여러 해 동안 중국에 머물고 있다; 아직 중국에 머물고 있다.)

b. 과거를 나타내는 부사구가 있으면 과거시제를 사용한다; last week, yesterday, in 1980, ago, once 등

The price of apples slumped last year.

(지난 해 사과 가격이 폭락했다.)

I was once a heavy smoker. (나는 한 때 골초였다.)

c. 과거 시점을 나타내는 접속사 다음에는 과거를 사용하며, 현재완료는 쓰지 못한다; when, as soon as, since, after 등

When did you arrive? (너는 언제 도착했느냐?)

We started to play soccer after the referee (had) whistled.

(심판이 호루라기를 분 다음에 우리는 축구를 시작했다.)

Seven years have passed since she went to America.

(그녀가 미국을 간 뒤로 7년이 지났다.)

d. (가정법에 사용) 현재 사실과 반대 또는 현재 발생되지 않은 화자의 기대 또는 생각을 표현할 때 과거형을 사용한다; if, as if, It's time, I wish 등

If you really worked hard, you would get a job.

(정말 열심히 노력한다면 너는 직업을 얻을 것이다; 청자가 열심히 노력하지 않음을 함축하고 있다.)

실제 노력하고 있으면 아래와 같이 조건절을 사용한다.

If you really work hard, you will get a job.

(정말 열심히 노력하면 직업을 얻게 된다.)

It's time we all took a break. (우리 모두가 쉴 시간이다.)

I wish I had a memory like yours.

(나도 너 같은 기억력을 가지고 싶다.)

❸ 미래시제

a. 단순 미래시제는 'will + 동사원형'으로 표현한다. 오늘날 모든 인칭에서 'will'을 많이 사용한다. 다만 영국영어에서는 1인칭에 'shall'을 쓰기도 한다.

I will [shall] see you next week.

(나는 너를 다음 주에 만날 것이다.)

Will you need any help? (도와 드릴까요?)

If the crop fails, there will be a famine.

(농사가 실패하면, 기근이 올 것이다.)

b. 미래의 의도 또는 예정을 나타내기 위해서는 'be going to'를 사용한다.

(의도)

When are you going to get married?

(너는 언제 결혼할 것이니?)

I'm going to complain if things don't improve.

(상황이 개선되지 않으면 나는 항의할 것이다.)

(예정)

It's going to rain. (비가 올 것이다.)

She's going to have a baby. (그녀는 아이를 출산할 것이다.)

예정의 의미로 'be to'를 사용할 때는, 주로 미래를 나타내는 부사구와 함께 사용한다.

His son is to be married soon.

(그의 아들은 곧 결혼할 예정이다.)

The committee is to meet today.

(그 위원회는 오늘 회동할 예정이다.)

'Be about to'(막...하려 한다)는 가까운 미래를 나타낸다.

The train is about to leave. (기차가 막 출발하려 한다.)

⇒ The train is just going to leave.

⇒ The train is on the point of leaving.

❹ 진행시제

진행시제는 주어진 시점에서 진행되고 있는 사건을 나타낸다.

현재 진행; She is working now.

(현재시점; 그녀는 지금 일하고 있다.)

과거 진행; She was working yesterday.

(과거시점; 그녀는 어제 일하고 있었다.)

미래 진행; She will be working when you arrive.
(미래시점; 네가 도착하면 그녀는 일하고 있을 것이다.)

진행시제의 특징은 다음과 같다.

   a. 현재진행은 현재 계획되거나 가까운 미래의 예정된 일을 나타
      낼 수 있다; 'be going to'를 쓸 수도 있다.

      The baseball game is starting at 2:30 tomorrow.
      (그 야구시합은 내일 2시 30분에 시작할 것이다.)

      I'm taking the children to the zoo on Saturday.
      (나는 일요일에 그 아이들을 동물원에 데리고 갈 것이다.)

   `cf.` 단, 상태동사(have, know, hold, belong, like 등)는 진행형 대신
      미래형 또는 현재형으로 쓴다.

      *We are owning a house in the city. ['own'을 써야 한다]
      (우리는 시내에 집이 있다.)

      *Strawberries are being more expensive next week.
                                    ['will be'를 써야 한다.]
      (딸기는 다음 주에 더 비쌀 것이다.)

      *She is liking that shirt. ['likes'를 써야 한다.]
      (그녀는 그 셔츠를 좋아한다.)

   b. 현재와 현재진행의 차이점

     ① 지속성(현재)과 일시성(진행)

      The professor types his own report.
      (지속적 습관; 그 교수는 자신의 보고서를 타이핑한다.)

The professor is typing his own report because his
secretary is ill.

(일시적인 행위; 그 교수는 비서가 아프기 때문에 자신의 보고서
를 타이핑한다.)

② 상태동사의 진행형은 일시적 방편적 행위를 나타낸다.

His neighbors are friendly. (그의 이웃들은 친밀하다.)

His neighbors are being friendly.

(그의 이웃들은 친밀하게 행동하고 있다.)

③ 상태동사의 진행형은 보다 공손한 의미를 지닌다.

I hope you will come. (나는 당신이 오기를 바란다.)

I am hoping you will come.

(나는 당신이 오기를 바라고 있습니다.)

④ 상태동사의 진행형은 상태의 변화를 의미할 수 있다.

She resembles her mother.

(그녀는 자신의 어머니를 닮았다.)

She is resembling her mother more and more.

(그녀는 자신의 어머니를 닮아가고 있다.)

cf. 이 경우 대체로 시간과 정도에 관련된 부사구를 수반한다.

My son is resembling me more and more as the
years go by.

(해가 지남에 따라, 나의 아들은 점점 더 나를 닮고 있다.)

The income of one's parents is mattering more in education these days.

(요즈음 교육에서 부모의 소득이 점점 더 중요시되고 있다.)

Good food is costing more since devaluation.

(화폐의 평가절하 이후에는 좋은 식품에 비용이 더 많이 든다.)

⑤ 신체의 일시적 상태를 나타낼 때는 현재와 현재진행 둘 다
사용할 수 있다.

My foot hurts [is hurting]. (발이 다쳤다.)

My back aches [is aching]. (등이 아프다.)

❺ 완료시제

완료시제는 관련성(relevance)을 포함하고 있다. 즉, 현재완료는 과
거에 시작된 일이 현재와 관련이 있고, 과거완료는 과거이전의 사건이
과거와 연관이 있는 것이다. 여기에서는 현재 완료의 용법부터 간단히
살펴보기로 한다.

먼저 현재완료는 다음 네 가지 경우에 사용한다.

a. 계속적 용법; 현재까지 상황이 지속되면 현재완료, 현재 상태
가 변했으면 과거를 쓴다. 이 용법은 주로 상태동사(state verb;
live, stay, be 등)에 많이 사용된다.

We have stayed in Seoul since last September. (We
are staying in Seoul now.)

(우리는 지난 9월 이후 서울에 머물고 있다.)

We stayed in Seoul last September. (Now we don't stay in Seoul.)

(우리는 지난 겨울 서울에 머물렀다.)

The house has been empty for ages. (It is still empty.)

(그 집은 오랫동안 비어 있다.)

The house was empty for ages.

(그 집은 오랫동안 비어 있었다.)

(But now it has been sold and occupied.)

The physicist has been an invalid all his life. (He is still alive.)

(그 물리학자는 평생 동안 환자로 지내고 있다.)

The physicist was an invalid all his life. (He is now dead.)

(그 물리학자는 평생 동안 환자로 지냈다.)

b. 경험적 용법; 현재를 기준으로 하여 적어도 한 번 이상의 경험을 나타낼 때 현재완료를 사용한다. 반면 과거가 기준이면 과거시제를 사용해야 한다. 주로 사건을 나타내는 동사(event verb; experience, suffer, be 등)에 흔히 사용된다.

Have you seen the Picasso Art Exhibition?

(피카소 미술전람회를 보았니? [현재 미술관람회가 아직 개장되고 있음.])

Did you see the Picasso Art Exhibition?

(피카소 미술전람회 보았니? [미술관람회가 끝났음.])

Have you been to America? (현재 기준; 미국에 가본 적 있니?)

I've been to America two times.

(미국에 두 번 가 보았습니다.)

*I have been to America last year.

⇒ I went to America last year.

(기준시가 과거를 나타내는 부사구로 명시되어 있음.)

For generations, America has produced the world's greatest scholars.

(수세대 동안 미국은 세계의 위대한 학자들을 배출했다; 미국은 아직 존재하고 있음.)

For generations, Sparta produced Greece's greatest soldiers.

(수세대 동안 스파르타는 그리스의 위대한 군인들을 배출했다; 스파르타는 현재 없음.)

c. 완료적 용법; 사건이 현재와 가깝거나, 현재와 연관이 있으면 현재완료를 사용한다. 이 경우 주로 현재와 인접한 'recently, just, already, yet' 등 명확하지 않은 가까운 과거의 의미를 나타내는 부사와 함께 사용된다.

The dustman hasn't called at our apartment yet.

(쓰레기 청소부가 아직 아파트를 방문하지 않았다; 당일 중에 방문하지 않았을 때)

The dustman has called [called] at our apartment in the morning.

(쓰레기 청소부가 아침에 아파트를 방문하였다; 현재완료, 과거 둘 다 가능)

I have already seen him.

(나는 그를 이미 만났다; 막연히 가까운 과거 사실)

I saw him on Tuesday.

(나는 화요일에 그를 만났다; 특정 과거시점은 과거를 쓴다.)

d. 결과적 용법; 과거 사건의 결과가 현재에 영향을 미칠 때에도 현재완료를 사용한다. 이 경우 주로 사건의 결과를 나타내는 전환동사(transitional event verb; arrive, give, recover, lose, break 등)를 사용한다. 상황에 따라 완료적 용법으로 볼 수도 있다.

I've recovered from my illness.

(나는 병에서 회복했다; 이제 건강하다.)

Someone has broken her doll.

(누군가 그녀의 인형을 부수었다; 이제 인형이 부서져 있다.)

He's cut his hand with a knife.

(그는 칼로 손을 베었다; 손이 아직 낫지 않았다.)

She has lost popularity in recent years.

(그녀는 최근 인기를 잃었다; 현재 인기가 없다.)

현재완료의 결과와 경험을 비교해보자.

My wife has gone to Turkey. [She is there now]

(나의 아내는 터키에 가고 없다; [결과] 그녀는 지금 여기에 없다.)

My wife has been to Turkey. [She is here now]

(나의 아내는 터키에 갔다 왔다; [완료] 지금 여기에 있다.)

❻ 과거완료시제

과거를 기준으로 하며, 용법은 현재완료와 같다.

When we bought it, the house had been empty for several months.

(계속; 우리가 그 집을 살 때, 그 집은 몇 달 동안 비어있었다.)

The goalkeeper had injured his leg, and couldn't play.

(결과; 그 골키퍼는 다리를 다쳐서, 운동을 할 수 없었다.)

I (had) had my lunch before my wife went back from shopping.

(완료; 아내가 쇼핑에서 돌아오기 전에 점심식사를 마쳤다.)

Had you been to New York before 2000?

(경험; 서기 2000년 전에 뉴욕에 가본 적이 있느냐?)

'before, after, when' 뒤에는 과거완료 대신 과거를 쓰기도 한다.

After he (had) returned from work, his wife served dinner.

(그가 직장에서 돌아 왔을 때, 그의 아내가 저녁을 주었다.)

When he (had) returned from work, his wife served dinner.

(이때 'when'은 '바로 뒤에(immediately after)'의 뜻이다.)

1) The vacation has planned for two months.
2) The class has changed to room 313.
3) She has teach me how to cook.

1.3. 시제의 일치

❶ 복합문의 시제

복문(complex sentence) 또는 중문(compound sentence)에서의 시제
의 일치관계는 다음과 같이 요약할 수 있다.

(1) 주절 동사가 현재이면 종속절은 모든 시제가 가능하다.

I believe that he works [has worked, worked, will work]
hard.
(나는 그가 열심히 노력한다[노력해왔다, 노력했다, 노력할 것이다]고
믿는다.)

(2) 일반적인 진실 또는 현재도 적용되는 사실이면 현재시제
로, 그 이외는 시제가 일치해야 한다.

Ancient people believed that the earth was [*is] the center of the universe.

(고대인들은 지구가 우주의 중심이라고 믿었다.)

Few ancient people believed that the earth is [*was] round.

(지구가 둥글다고 믿는 고대인은 거의 없었다.)

Sumi said that she loathes [loathed] cockroach. (둘 다 가능)

(수미는 바퀴벌레를 싫어한다고 말했다.)

Socrates said that he was [*is] blameless.

(소크라테스는 자기가 죄가 없다고 말했다; 소크라테스는 이미 죽었다.)

(3) 가정법은 주절의 시제에 영향을 받지 않는다.

He says [said] that if he were a billionaire he would be happy.

(그는 자기가 억만장자라면 기쁠 것이라고 말한다[말했다].)

(4) 시간과 조건의 부사절은 미래 대신 현재를 쓴다.

If [When] it rains tomorrow, we will not go hiking.

(부사절; 내일 비가 오면[올 때는], 우리는 하이킹을 가지 않을 것이다.)

I don't know if [when] we will go hiking tomorrow.

(명사절; 나는 우리가 내일 하이킹을 갈지 안 갈지[언제 갈지] 모른다.)

(5) 'as soon as'의 동의어

과거의 일에 대해서, 접속어 'as soon as, the (very) moment, the instant' 다음에는 과거를 사용한다. 반면 'no sooner... than'과 'barely/hardly/scarcely/... when/before'에는 과거완료형을 사용한다.

As soon as he arrived he asked for food.
(그가 도착하자마자 먹을 것을 요구했다.)
He had no sooner arrived than he asked for food.
No sooner had he arrived than he asked for food.
He had hardly [scarcely] arrived when [before] he asked for food.
Hardly [Scarcely] had he arrived when [before] he asked for food.

❷ 부사(구)와 시제의 일치

부사에 따라 사용되는 시제가 다를 수 있다. 대체로 명확한 과거는 과거시제를 사용하며, 그 외는 다음 표와 같다.

구분	단어 또는 구
현재완료	up to now, since, so far, hitherto
과거	yesterday, ago, just now, last, earlier, the other day, on Tuesday
현재완료 또는 과거	today, this, recently, before, once, already

I haven't seen her up to now [so far] since Monday.

(나는 월요일 이후 지금까지 그녀를 보지 못했다.)

I saw her yesterday [a week ago, last Monday, earlier this week].

(나는 그녀를 어제 [일주일 전에, 지난 월요일, 이번 주 초에] 그녀를 보았다.)

I saw [have seen] her today [this month, recently, before, once, already].

(나는 그녀를 오늘 [이번 달, 최근, 전에, 한 번, 이미] 보았다.)

 다음 문장의 종속절에서 틀린 부분을 고치시오.

1) After you had signed the contract, you won't be able to change your mind.
2) I handed in my composition as soon as I finish it.
3) I'll usually have finished breakfast by the time my son had got up.

Answer 1) had signed ⇒ have signed
2) finish ⇒ finished
3) had got up ⇒ has got up, gets up

1 다음 각 문장에서 밑줄 친 동사를 시제에 맞게 고치시오.

ex I will <u>leave</u> by five o'clock. (have left)

1) By the end of the 21st century, the computer <u>becomes</u> unnecessary.

2) The audience need to take their seats because the play <u>was</u> about to start.

3) Every morning Rob leaves the house at the same time and <u>took</u> the bus to work.

4) As the plane <u>was landing</u>, the passengers should remain in their seats with their seats belts fastened.

5) People understand what happened, but they are unclear about why it <u>occurs</u> this way.

2 보기와 같이 주어진 단어를 이용하여 현재완료 진행형의 문장을 만드시오.

ex Tom / play / soccer / one hour
⇒ Tom has been playing soccer for one hour.

1) Sumi / watch / TV / 6:30

_____

2) Mr. Lee's students / study / 9: 00

_____

3) The boys / exercise / two hours

_____

02 분사와 분사구문

2.1.1. 분사의 의미와 용법

❶ 분사의 의미

동사와 형용사의 기능을 동시에 가지는 것을 분사(participle)라 한다. 현재분사는 '동사 + ing'의 형태를 가지고, 과거분사는 '동사 + ed'의 형태를 지닌다.

다음과 같은 의미 특성이 있다.

(1) 현재분사는 능동의 의미를 가지며, 과거분사는 수동의 의미를 지닌다.

He looked at me with a very <u>surprised</u> [shocked, reassuring] expression.

(그는 매우 놀란 [충격을 받은, 확신에 찬] 표정으로 나를 보았다.)

(2) 위치에 따라 의미가 달라지는 경우가 있다.

The people **concerned**

(the people in question; 관련자, 관계 당사자)

A **concerned** expression ('worried, anxious'; 걱정스러운 표정)

The students **involved**

(the students taking part in; 개입된 학생들)

An **involved** question

(a very complicated question; 매우 복잡한 문제)

Jobs **wanted** (jobs wanted by individuals; 원하는 직업)

Wanted persons (seeking in order to arrest; 수배된 사람들)

❷ 분사의 기능과 용법

현재 분사와 과거분사는 기능과 용법에서 차이가 있다.

(1) 기능; 둘 다 형용사 역할을 하지만, 현재분사는 주어가 행위자이고, 과거분사는 주어가 행위를 받는 대상이다.

The wolf was huge, <u>scaring</u> and <u>terrifying</u>.

(그 늑대는 크고, 위협을 주며, 두렵게 하였다; 주어가 직접적인 행위자이다.)

The shepherd boy was restless, <u>scared</u> and <u>terrified</u>.

(그 양치기 소년은 안절부절하고, 위협을 느꼈으며, 두려웠다; 주어가 영향을 받는 대상이다.)

The boring speaker made the bored audience leave early.
　　　　행위자　　　　　　　　　　　받는 대상

(그 지루한 연사는 지루해하는 청중이 빨리 떠나게 했다.)

(2) 시제; 현재분사는 진행형에 사용되고 과거분사는 완료시제에 사용된다.

He is working now. (그는 지금 일하고 있다.)

He has worked in the fields all day.

(그는 들판에서 온종일 일했다.)

(3) 태; 능동태에는 현재분사, 수동태에는 과거분사를 사용한다.

The shepherd is cooking the wolf for his own dinner.

(그 양치기는 자신의 저녁용으로 늑대를 요리하고 있다.)

The wolf is cooked for the shepherd's dinner.

(그 늑대는 양치기의 저녁용으로 요리되고 있다.)

 다음 문장에서 형태가 맞는 것을 고르시오.

1) He (has learned, was learned) to understand computer language.
2) It has been known long time ago that coffee has a (stimulating, stimulated) effect.
3) Antifreeze, (added, adding) to water, lowers its freezing temperature.

Answer 1) has learned　2) stimulating　3) added

2.1.2. 분사와 문장성분의 관계

❶ 분사와 관사

분사 앞에 정관사를 붙여 단수 또는 복수보통명사의 의미를 지닌다.

The accused [Accused person / people] is / are denying
the charges.

(피고[들]는 그 죄를 부정하고 있다.)

The dying [Dying people] are found every moment in the
world.

(지구에서 매 순간 사망하는 사람들이 보인다.)

cf. 'the + 형용사'는 복수보통명사의 의미를 지닌다.

The poor [Poor men] cause the nation's leader great
concern.

(가난한 사람들은 국가 지도자에게 커다란 근심을 준다.)

The young [Young people] in spirit enjoy life.

(정신이 젊은 사람은 인생을 즐긴다.)

❷ 분사와 동사의 관계

목적어 뒤에 현재분사를 수반하는 동사도 있다; spend, have trouble / difficulty 등

He spent [had trouble] all day cutting out a pair of shoes
from the last of the leather.

(그는 마지막 남은 가죽에서 구두를 잘라내느라 온 종일을 보냈다[고생
했다].)

❸ 분사와 형용사의 관계

현재분사를 수반하는 형용사도 있다; busy, worth 등

His wife was busy cutting out little shirts and trousers
from some cloth.

(그의 아내는 천에서 작은 셔츠와 바지를 잘라내기에 바빴다.)

❹ 전치사 'with' 와 분사와의 관계

'With + 목적어 + 현재분사/과거분사'가 주절에 연결되어 사용될
때가 있다. 이때 'with'는 이유 또는 부수적인 동작을 나타낸다.

  a. 이유를 나타내는 경우

  With him being so bad-tempered, they are reluctant
  to tell him the accident. [Because he is so bad-tem-
  pered...]

  (그가 성질이 나빴기 때문에, 그들은 그에게 사건을 말해주기 싫었다.)

  With the audience making so much noise, I couldn't
  hear the opening of the concerto. [Because the audi-
  ence was making...]

  (관중이 너무 떠들었기 때문에, 나는 그 협주곡의 시작을 들을 수가
  없었다.)

  With the exams coming next week, I have no time for
  a social life.

  (다음 주 시험이기 때문에, 나는 사교활동을 할 시간이 없다.)

With the house (being) empty, he felt lonely.

[As / Because the house was empty...]

(집이 비어서, 그는 슬쓸하게 느꼈다.)

b. 부수적인 동작을 나타내는 경우

Don't walk around with your shirt hanging out.

[Don't walk around as your shirt hangs out.]

(셔츠를 내놓고 돌아다니지 마라.)

He was looking at me with his arms folded.

[He was looking at me as his arms were folded.]

(팔장을 끼고서 그는 나를 보았다.)

 EXERCISE 다음 문장에서 틀린 부분을 고치시오.

1) With sunshine streamed through the window, they couldn't sleep.

2) I felt relaxing, pleased with my day's work at the temple.

3) Without more information having, I can't advise you.

1 밑줄 친 동사를 문법에 맞게 분사로 고치시오.

ex The children had fun chase the puppy. (chasing)

1) Mr. Park spends his spare time play tennis.

2) We had a good time yacht on the sea.

3) She has trouble drive his new car.

2 다음 두 개의 분사 중에서 문장의 의미에 맞는 것에 밑줄을 치시오.

ex The line is long, but it is a (fast-moved, <u>fast-moving</u>) line.

1) The delighted girl thanked her friend for the (unexpected, un-expecting) gift.

2) The snow-capped mountains ringed the (charmed, charm-ing) village.

3) The (corrected, correcting) papers are being returned to the waiting students.

4) The most (requested, requesting) room in the hotel is the one with (unobstructed, unobstructing) view of the lake.

5) The (exhausting, exhausted) runner was too tired to move after the race.

3 다음 중 어법에 맞는 표현에 밑줄을 치시오.

ex I noticed him (<u>leaving</u>, to leave) early.

1) She was so exhausted that she didn't even feel her mother (putting, to put) the blanket on her.

2) I noticed everyone (carrying, to carry) an umbrella to work this morning.

3) The speaker was so loud that I didn't even hear my phone (ringing, to ring).

4 보기와 같이 형용사절을 분사를 이용하여 구로 만드시오.

ex I want a car that has been designed for safety.
⇒ I want a car designed for safety.

1) Did the captain who was briefing the men seem confident?

_____

2) Some of the items that were ordered on the Internet are no longer available.

_____

3) A young man, who stands on one foot, wears glasses, a tie, a long-sleeved shirt, a dark belt, and light pants.

_____

2.2.1. 분사구문의 종류

현재분사 또는 과거분사를 이용하여 문장을 구로 축소한 것을 분사구문이라 한다.

❶ 분사구문의 종류

분사구문은 주로 시간, 이유, 조건, 양보, 부대 상황 등을 나타내는 부사절을 축소하여 구를 만드는데 이용된다.

a. 시간의 부사절; when, while 등

When they heard the shepherd shouting, the villagers rushed up the hill.

⇒ Hearing the shepherd shouting, the villagers rushed up the hill.

(양치기가 소리치는 것을 듣자, 그 마을 사람들은 언덕 위로 달려왔다.)

b. 이유의 부사절; as, because, since 등

As the dog was angry at being awakened from his nap, it growled and barked at the ox.

⇒ Being angry at being awakened from his nap, the dog growled and barked at the ox.

(그 개는 낮잠을 깨워 화가 났기 때문에, 소에게 으르렁거리고 짖었다.)

c. 조건의 부사절; if 등

If I can hatch out this egg, I'll have a chicken of my own.

⇒ Hatching out this egg, I'll have a chicken of my own.

(내가 이 계란을 부화하면, 나는 병아리를 가지게 될 것이다.)

d. 양보의 부사절; though, although, even if 등

Though it leaped with all his might, the fox missed the grapes.

⇒ Leaping with all his might, the fox missed the grapes.

(전력으로 뛰었지만, 그 여우는 그 포도에 닿지 못했다.)

e. 부대 상황; and, but, while 등

주절과 동시에 일어나는 부가적인 상황을 부대상황이라 한다.

Her birthday candle lay among them and was still shining.

⇒ Her birthday candle lay among them, still shining.

(그녀의 초가 그 가운데에 있었으며, 아직 빛나고 있었다.)

She stood on a cliff-top and looked out over the cold, wet sea.

⇒ She stood on a cliff-top, looking out over the cold, wet sea.

(그녀는 절벽 꼭대기에 서서 차갑고 비에 젖은 바다를 굽어보았다.)

f. 독립 분사구문

주절과 관계없이 관용적으로 사용되는 분사구문을 독립분사
구문이라고 한다; generally(frankly, strictly) speaking, judging
from, granting(admitting) that 등

Generally speaking, he who wants more often loses all.

(일반적으로 말해서, 더 많이 원하는 사람은 모든 것을 잃는다.)

cf. 독립 분사구문과 독립 부정사는 같은 의미를 지니는 경우가
많다; 'summarizing / to summarize'(요약하면), 'continuing
/ to continue'(계속해서), 'recapitulating / to recapitulate'
(개략적으로 말하면), 'summing up / to sum up'(요약하면),
'returning to / to return to'(되돌아가서), 'turning to / to turn
to'(넘어가서)

**Turning to [To turn to] the next point, I suggest that
we should stay in the moment.**

(다음 사항으로 넘어가서, 나는 우리가 현재에 집중해야 한다고 제
의한다.)

때로 다음과 같은 조건의 부사구도 독립분사구문과 같이 사
용하기도 한다.

**Looking at it objectively, he is definitely at fault. (If we
look at it objectively)**

**= Viewed objectively, he is definitely at fault. (If it is
viewed objectively)**

(객관적으로 보면, 그가 명확히 잘못한 것이다.)

❷ 분사구문의 두 가지 용법

분사구문도 관계절과 마찬가지로 한정적(restrictive) 용법과 비한정적인(nontrestrictive) 용법으로 구분한다. 한정적 용법은 콤마가 없으며 앞의 선행사를 수식하고, 비한정적 용법은 콤마가 있으며 주로 부사절로 해석된다.

> A student hoping to finish college in three years must work very hard.
>
> ⇒ A student who hopes to finish college in three years must work very hard.
>
> (삼년 만에 대학을 마치고 싶은 학생은 매우 열심히 공부해야 한다.)

> The student, hoping to finish college in three years, is working very hard.
>
> ⇒ The student, who hopes to finish college in three years, is working very hard.
>
> ⇒ Because the student hopes to finish college in three years, he is working very hard.
>
> (그 학생은 삼년 만에 대학을 마치고 싶었기 때문에 매우 열심히 공부하고 있다.)

다음 분사구문을 해석하시오.

---

1) a. Oliver and his friends, sitting in the rear of the lecture hall, could not hear the professor.
   b. The students sitting in the rear of the lecture hall can not hear the professor.
2) a. Any of the swimmers feeling tired should come back to shore.
   b. One of the swimmers, feeling tired, started to come back to shore.

2.2.2. 분사구문의 형태

❶ 분사구문을 만드는 방법

분사구문을 만드는 방법은 다음 몇 가지가 있다.

> a. 접속사와 동사; 주절과 종속절의 주어가 일치하면, 종속절의
> 접속사와 주어를 생략하고 능동이면 현재분사, 수동이면 과거
> 분사를 시용한다.
>
> When he has dinner at home, he often reads the
> newspaper.
>
> ⇒ Having dinner at home, he often reads the newspaper.
>
> (집에서 저녁을 먹을 때, 그는 종종 신문을 읽는다.)
>
> As he was pleased with the design and driving, he
> bought the car.
>
> ⇒ Pleased with the design and driving, he bought the
> car.
>
> (그는 디자인과 승차감에 만족하여, 그 차를 샀다.)
>
>
> 단, 접속사의 의미를 명확히 하고 싶을 때는 생략하지 않는 경
> 우도 있다.
>
> Though he knew the danger, he went hiking in the
> rain.
>
> ⇒ Though knowing the danger, he went hiking in the rain.
>
> (위험을 알았지만 그는 빗속에 하이킹을 갔다.)

Before the year is out, she will be the richest cattle dealer north of the Sahara.

⇒ Before the year being out, she will be the richest cattle dealer north of the Sahara.

(그 해가 가기 전에 그녀는 사하라 북쪽에서 가장 부유한 가축상인이 될 것이다.)

b. 시제; 종속절의 시제가 주절보다 앞서면 완료형 분사(Having + 과거분사)를 사용한다.

After he had pulled the skin carefully, the fox strolled among the flock of lamb.

⇒ Having pulled the skin carefully, the fox strolled among the flock of lamb.

(그 여우는 조심스럽게 가죽을 덮어 쓴 다음에, 양 무리에게 어슬렁거리며 갔다.)

c. 주어의 형태; 종속절이 명사와 주절의 대명사가 일치하면, 주절의 대명사를 명사로 바꾸어야 한다.

When the villagers heard the shepherd shouting, they rushed up the hill.

⇒ Hearing the shepherd shouting, the villagers rushed up the hill.

(양치기가 소리치는 것을 듣자, 그 마을 사람들은 언덕 위로 달려갔다.)

❷ 분사구문에서의 생략

분사구문에서 접속사, 주어, 동사의 생략방법은 다음과 같다.

a. 주절의 주어와 종속절의 주어가 다르면 생략할 수 없다.

When the sun sets, I often watch the sea.

⇒ The sun setting, I often watch the sea.

(해가 질 때, 나는 종종 바다를 본다.)

When the sun had set, we returned home.

⇒ The sun having set, we returned home.

(해가 진 뒤에, 우리는 집으로 돌아왔다.)

b. 'being [having been] + 과거분사'의 경우 'being [having been]'을 생략할 수 있다.

As they had been fooled twice before, the villager never trusted the shepherd.

⇒ (Having been) Fooled twice before, the villager never trusted the shepherd.

(전에 두 번 속았기 때문에, 그 마을 사람들은 그 양치기를 결코 믿지 않았다.)

Since the job had been done quickly, they packed up to leave.

⇒ The job (having been) done quickly, they packed up to leave.

(그 일이 빨리 끝났기 때문에, 그들은 떠나려고 짐을 쌌다.)

c. 'being + 형용사 또는 명사'의 경우, 'being'이 생략되는 경우
가 있다.

(Being) Angry at being awakened from his nap, the
dog growled and barked at the ox.

d. 'being + 현재분사(동사 + ing)'의 경우는 반드시 'being'을 생
략한다.

While he is having dinner at home, he often watches TV.
⇒ Having dinner at home, he often watches TV.
(집에서 저녁을 먹는 동안, 그는 종종 TV를 본다.)

While she was standing on a cliff-top, he could look
out over the cold wet sea.
⇒ Standing on a cliff-top, he could look out over the cold
wet sea.
('Being standing' 불가)
(절벽 위에 서 있는 동안, 그는 차갑고 젖은 바다 위를 바라볼 수 있
었다.)

❸ 분사구문의 부정문 만들기
; 분사 앞에 'not, never'를 붙인다.

As I didn't finish my homework, I stayed up late.
⇒ Not finishing my homework, I stayed up late.
(나는 숙제를 끝마치지 않았기 때문에, 밤늦게까지 자지 않았다.)

❹ 분사구문과 접속사

분사구문을 접속사가 있는 원래의 문장으로 환원할 때에는 의미에 맞게 접속사를 사용해야 한다.

Spilling the milk all over the road, Peggy returned home.
⇒ As [When, After] she spilled the milk all over the road, Peggy returned home.
(우유를 길 위에 흘렸기 때문에[흘린 뒤에, 흘린 다음에], 페기는 집으로 돌아왔다.

Peggy spilled the milk all over the road, and (she) returned home.
(페기는 우유를 길 위에 흘리고, 집으로 돌아왔다.)

위와 같이 분사구문은 다양한 해석이 가능하다. 따라서 법률 규정과 같이 명확히 표현해야 할 경우에는 분사구문을 거의 사용하지 않는다.

 다음 문장을 분사구문으로 바꾸시오.

---

1) As she sat on the wet grass, she caught cold.
2) He sat at the hall and stared at the wall.

1) _____

2) _____

Answer 1) Sitting on the wet grass, she caught cold.
2) He sat at the hall staring at the wall.

---

1) Although the young man isn't rich, he drives an expensive car.

2) Even though she was tired, Nina went swimming.

3) The dinner was good though it was served cold.

1) _____

2) _____

3) _____

1 다음 분사구문을 부사절로 바꾸시오.

> **ex** Having finished all her housework, she sat down to watch television.
> ⇒ After she had finished all her housework, she sat down to watch television.

1) Having worked hard all his life, he decided to take a long vacation.

_____

2) Talking things over, they agreed never to quarrel again.

_____

3) Not caring to accept welfare assistance, they often went without food.

_____

2 다음 부사절을 접속사와 'be'동사가 생략된 분사구문으로 바꾸시오.

> **ex** Because she was exhausted from the long trip, she rested before going on.
> ⇒ Exhausted from the long trip, she rested before going on.

1) Because I was afraid of starting an argument, I kept quiet.

_____

2) We packed our camping gear because we were disappoint
-ed in the weather.

_____

3) Although they were lost in the fog, the hikers still managed to
reach their destination.

_____

3 보기와 같이 부사절을 접속사를 포함한 분사구문으로 바꾸시오.

> **ex** Before I come home, I'll stop by the supermarket.
> ⇒ Before coming home, I'll stop by the supermarket.

1) After she finished the briefing, Lt. Lee flew to Seoul.

_____

2) When you are late, you must report to the boss.

_____

3) Before he does anything else, the airman must talk to the
sergeant.

_____

3.1. 부정사

3.1.1. 부정사의 기능

부정사(infinitive)는 '(to) + 동사원형'의 형태를 취한다. 동사의 기능을 가지면서, 문장에서 명사, 형용사, 부사와 같이 한정되지 않고 다양하게 사용되므로 **비한정사**라고도 한다. (참고로 부정사, 동명사, 분사 등 오늘날 사용하는 대부분의 영문법 용어는 일본의 잔재지만 부득이 편의상 사용하고 있다.) 구체적으로 부정사의 종류와 문장에서의 역할을 살펴보기로 하자.

먼저 부정사[비한정사]와 품사와의 관계를 통해서 부정사의 세 가지 기능을 살펴보자.

❶ 명사 역할

부정사는 명사와 같은 역할을 할 수 있다.

I like <u>coffee</u>. (명사; 나는 커피를 좋아한다.)

I like to have coffee at work.

(나는 작업 중에 커피를 마시기를 좋아한다.)

즉, 다음 예문과 같이 부정사는 명사와 같이 주어, 목적어, 보어의 기능을 가질 수 있다.

To pray to God is often the only way to solve problems. (주어)

(신에게 기도하는 것이 때로는 문제를 해결하는 유일한 방법이다.)

We should learn how to pray. (목적어)

(우리는 기도하는 방법을 배워야 한다.)

All I can do is (to) pray to Buddha. (보어, 동격)

(내가 할 수 있는 것은 부처님께 기도하는 것이다.)

To see is to believe. (보어, 동격)

(보는 것이 믿는 것이다.)

❷ 형용사 역할

부정사는 형용사와 같은 역할을 할 수 있다.

You will find something interesting at the store. (형용사, 수식어)

(너는 그 가게에서 재미있는 것을 발견할 것이다.)

You will find something to interest you at the store.

(형용사 역할)

(너는 그 가게에서 너의 흥미를 끄는 것을 발견할 것이다.)

We often leave our children alone. (형용사, 보어)

(우리는 종종 아이들을 홀로 내버려 둔다.)

We often leave our children to do what they want. (형용사 역할)

(우리는 종종 아이들이 원하는 것을 하도록 내버려 둔다.)

즉, 다음 예문과 같이 부정사는 형용사와 마찬가지로 수식어(명사수식), 보어(서술적 기능)의 기능을 가진다.

Aesop wanted people to act honestly. (보어, 서술)
(이솝은 사람들이 정직하게 행동하기를 바랐다.)
we often think of reasons to put off studying.
(수식어, 형용사 구실)
(우리는 종종 공부를 미룰 이유를 생각한다.)
The shepherd had only his crook to fight with.
(수식어, 형용사 구실)
(그 양치기는 싸울 수 있는 굽은 지팡이 밖에 없었다.)

❸ 부사 역할
부정사는 부사와 같은 역할을 할 수 있다.
Many people come here everyday. (부사)
(많은 사람들이 여기에 매일 온다.)
Many people come here to buy their clothes. (부사 역할)
(많은 사람들이 여기에 옷을 사러 온다.)

즉, 부정사도 부사와 같이 문장의 부가적 요소로서 다양한 의미를 지닌다.

(목적) The shepherd was gathering the sheep to take them home.
(그 양치기는 양들을 집으로 데려가기 위해서 양을 모으고 있었다.)
Candles need air to burn. (양초가 탈려면 공기가 필요하다.)

(이유, 원인)

I am very pleased to hear the news.

(그 소식을 들으니 매우 기쁘다.)

(정도) He is rich enough to travel around the world.

(그는 세계를 여행할 정도로 부유하다.)

(He is so rich that he can travel around the world.)

He is too old to go hiking at Mt. Jirisan.

(그는 너무 나이가 들어 지리산에 하이킹 갈 수가 없다.)

(결과) He cut the goose open only to find nothing.

(그는 거위를 잘랐지만 아무것도 찾을 수 없었다.)

She grew up to be a famous chemist.

(그녀는 자라서 유명한 화학자가 되었다.)

(조건, 양보)

To hear her sing, you might take her for an opera singer.

(그녀가 노래하는 것을 들으면, 너는 그녀를 오페라 가수라고 여길지 모른다.)

To do my best, I couldn't finish the project in a month.

(최선을 다했지만, 나는 그 계획을 한 달 만에 끝마칠 수 없었다.)

❹ 독립부정사 구문

주로 문두에서 주절과 관계없이 사용되며 부사구의 기능을 가진 부정사를 독립부정사라 한다; to begin with(우선, 먼저), to be sure(분명히), to be frank with you(솔직히 말하면), strange to say(이상하게 들릴지 모르지만), to be short(요컨대), to make the matter worse(설상가상으로) 등

To begin[start] with, you should finish your homework. (= First of all)

(우선, 너는 숙제를 끝마쳐야 한다.)

 다음 두 문장을 부정사를 이용하여 한 문장으로 만드시오.

---

1) Sumi and Nami are ready. They are going to the snack bar.
2) Mr. Kim was pleased. He heard from his daughter.

1) _____

2) _____

2) Mr. Kim was pleased to hear from his daughter.
1) Sumi and Nami are ready to go to the snack bar. **Answer**

3.1.2. 부정사의 형태

❶ 부정사의 세 가지 형태

부정사는 'to + 동사원형', '동사원형', '완료부정사(to have + 과거분사)' 세 가지 형태가 있다.

> We should get our students <u>to do</u> their homework.
> (우리는 학생들이 숙제를 하게 해야 한다.)
> We should have our students <u>do</u> their homework.
> (우리는 학생들이 숙제를 하도록 시켜야 한다.)
> We ask our kids <u>to have done</u> their homework before going to bed.
> (우리는 아이들이 자기 전에 숙제를 했는지를 묻는다.)
> What you have to do is <u>(to) finish</u> your homework before going to bed.
> (절로 된 주어 속에 'do'동사가 있으면, 보어역할을 하는 부정사의 'to' 를 생략할 수 있다.)
> (네가 해야 하는 것은 자기 전에 숙제를 마치는 것이다.)

❷ 완료 부정사

a. 시제; 본동사 보다 시제가 앞설 때 사용한다.

> He seems to be a teacher. (It seems that he is a teacher.)
> (그는 선생님인 것 같다.)
> He seems to have been a teacher. (It seems that he was a teacher.)
> (그는 선생님이었던 것 같다.)

동사와 동일시제거나, 미래시제면 'to + 동사원형'을 사용한다.

It was foolish to quarrel with your coworkers.

(과거시제와 동일)

(동료와 다투는 것은 어리석었다.)

It will be foolish to quarrel with your seniors. (미래시제)

(상사와 다투는 것은 어리석을 것이다.)

b. 용법; 의도와 희망을 나타내는 동사 뒤의 완료부정사는 과거에 하지 못한 일을 나타낸다; expect, intend, hope, wish 등

I hoped to have finished the work yesterday (but I couldn't).

(나는 어제 그 일을 끝마치기를 바랐다.)

❸ 원형 부정사

사역동사(make, let, have, bid)와 지각동사(hear, see, notice, feel, observe 등)의 보어로는 원형부정사를 사용한다. 단 수동태로 전환되면 'to 부정사'를 사용해야 한다.

They bade me sit down. ⇒ I was bidden to sit down.

(그들은 나에게 앉으라고 말했다.)

The crowd saw him score two magnificent goals.

⇒ He was seen to score two magnificent goals.

(관중은 그가 두 개의 멋진 골을 득점하는 것을 보았다.)

We must make the public <u>take notice of</u> the danger.

⇒ The public must be made <u>to take notice of</u> the danger.

(대중이 그 위험을 인지하도록 해야 한다.)

> **cf.** 'help'도 원형부정사를 쓸 수 있다.
>
> She helped me to solve the problems.
>
> (그녀는 내가 그 문제를 푸는 것을 도와 주었다.)
>
> ⇒ She helped me solve the problems.
>
> ⇒ She helped me with the problems.

❹ 대부정사

한 문장에서 앞의 동사구와 중복되면 'to'이하를 생략할 수 있다. 이 경우 남은 'to'는 부정사를 대신하므로 대부정사(代不定詞)라 한다

He had to <u>go to work</u> before 7, but he didn't want to (go to work).

(그는 7시 전에 직장에 가야 했지만, 그러고 싶지 않았다.)

You may <u>go with him</u> if you want to (go with him).

(네가 원한다면 그와 함께 가도 좋다.)

❺ 부정사의 부정

'to'앞에 'not, never'를 붙인다. 본동사를 부정하면 의미가 달라질 수 있다.

We've decided not to move to the country. (이사 안함)

(우리는 시골로 이사하지 않기로 결정하였다.)

We haven't decided to move to the country. (결정 안함)

(우리는 시골로 이사가기로 결정하지 않았다.)

다음과 같은 경우는 의미가 비슷하다.

She longed not to leave home. (떠나지 않기를 바람)

(그녀는 집을 떠나지 않기를 바랐다.)

She didn't long to leave home. (떠나기를 바라지는 않음)

(그녀는 집을 떠나기를 바라지 않았다.)

❻ 부정사의 의미상 주어

부정사의 주어가 주절의 주어와 일치하지 않는 경우 부정사 앞에 'for/of + 목적격' 형태의 전치사구를 사용한다. 대개 'for + 목적격'을 사용한다.

그러나 성질이나 감정을 표현하는 형용사 다음에는 'of + 목적격'을 사용한다; kind, generous, brave, polite, rude, foolish, wise, stupid 등

It is important [impossible] for you to delay the project.

(그 계획을 연기하는 것이 중요하다[불가능하다].)

It is foolish [wise] of you to delay the project.

(그 계획을 연기하는 것이 어리석다[현명하다].)

❼ 부정사의 이동

부정사가 길면 문장 뒤로 이동하고 가주어 'it'을 사용한다.

To hear him say like that surprised me

⇒ It surprised me to hear him say like that.

(그가 그렇게 말하는 것을 듣고 나는 놀랐다.)

For the prisoners to escape from the prison was considered impossible.

⇒ It was considered impossible for the prisoners to escape from the prison.

(죄수들이 그 감옥에서 탈출하는 것이 불가능하다고 생각되었다.)

I made to solve the matter my prime objective.

⇒ I made it my prime objective to solve the matter.

(나는 그 문제를 해결하는 것을 나의 일차 목표로 하였다.)

❽ 'enough'와 부정사

'Enough'는 부사로 사용되면 반드시 수식어 뒤에 사용된다.
반면 형용사로 사용되면 명사 앞, 뒤 둘 다 가능하다.

He is diligent enough [*enough diligent] to do his homework.

(그는 부지런하여 숙제를 한다.)

He has enough money [money enough] to help others.

(그는 돈이 충분하여 다른 사람들을 도울 수 있다.)

 다음 문장에 알맞는 것을 고르시오.

1) I hope (to visit, visiting) you before this year is over.
2) Narcissists, people who love only themselves, usually want (to love, to be loved).
3) (To love, Love) is to begin to learn divinity.

Answer 1) to visit 2) to be loved 3) To love

1) I couldn't relax before the exam. I was very nervous.
2) You shouldn't put on that shirt. It's so dirty that you can't wear it again.
3) Don't talk to him now. He is very busy that he can't talk to anyone.
4) Don't buy the car. It's very expensive.

1) _____

2) _____

3) _____

4) _____

Answer
1) I was too nervous to relax before the exam.
2) The shirt is too dirty to wear again.
3) He is too busy to talk to anyone now.
4) The car is too expensive to buy.

1 다음 중, 어법에 맞는 표현에 밑줄을 치시오.

ex Sumi's mother made her (<u>wash</u>, to wash) the dishes.

1) Minsu had a man (paint, to paint) the kitchen last week.

2) Did you have the mechanic (check, to check) the brakes?

3) Has Mr. Kim gotten the company (email, to email) him the data?

4) The kindergarten teacher tried to make the children (behave, to behave).

5) His wife couldn't get him (help, to help) with the cleaning.

2 다음 문장의 밑줄 친 명사절을 부정사로 바꾸시오.

ex I don't know <u>when I can start the new job</u>.

정답: when to start the new job

1) I didn't know <u>whether I should go or stay</u>.

_____

2) Can you tell me <u>where I can go for flu shots</u>?

_____

3) Can you tell me <u>where I can withdraw my money</u>.

_____

4) I wonder <u>when I should take the cake out of the oven</u>.

_____

5) Can you tell me <u>which bus I should take</u>?

_____

3 다음 보기와 같이 두 개의 문장을 'too'를 이용하여 연결하시오.

ex He's working very slowly. He won't finish on time.
⇒ He's working too slowly to finish on time.

1) This chair is very heavy. I can't carry it.

_____

2) Minsu leaves for work very early. He doesn't eat breakfast.

_____

3) It's late. We can't call off the meeting now.

_____

4) The fog is dense. The plane can't take off.

_____

5) He worked carefully. He didn't make that mistake.

_____

4 다음 보기와 같이 형용사절을 부정사로 바꾸시오.

ex There is the application form they must fill out.
⇒ There is the application form (for them) to fill out.

1) That is the man we ought to recruit for the job.

_____

2) Here is the novel you should read someday.

_____

3) Her conduct is something we should respect.

_____

5 두 개의 문장을 'enough to'를 이용하여 결합하시오.

ex He rides his bike slowly. He looks at everything.
⇒ He rides his bike slowly enough to look at everything.

1) Insu drives cautiously. He can be called a safe driver.

_____

2) The noise is loud. I can hear in the other room.

_____

3) The water isn't deep. It can't be dangerous.

_____

6 다음 밑줄 친 부정사의 용법을 구체적으로 말하시오.

Why we don't help

There are a number of reasons why someone might not help a stranger in need. First of all, we might be too busy (1) to help(부사적용법, 정도). For example, people might not stop (2) to help a stranded driver on the side of the road because they are in a hurry (3) to get to work. Another reason people may not help is because they don't feel safe. For instance, when people hear a stranger (4) <u>scream</u> in the middle of the night, they might be too scared (5) <u>to help out</u>. Since they don't feel safe themselves, they don't think they can help someone else. Finally, we might not help others because we assume they can help themselves. For example, if someone on the sidewalk seems (6) <u>to be lost</u>, people think that he or she can find the necessary information without help. Overall, the decision (7) <u>not to help</u>, is very complex. Time, safety, and thinking people can help themselves are just three of any reasons a person chooses (8) <u>not to help</u> others.

3.2.1. 동명사의 기능

'동사 + ing'의 형태로 문장에서 명사로서의 역할을 할 때, 동명사 (gerund) 또는 동사형 명사(verbal noun)라고 한다. 문장에서는 명사와 같이 주어, 목적어, 보어 구실을 한다.

> <u>Making</u> trouble is not good for your company. (주어)
>
> (말썽을 일으키는 것은 너의 회사에 좋지 않다.)
>
> We should try to avoid <u>making</u> trouble. (목적어)
>
> (우리는 말썽을 일으키는 것을 피해야 한다.)
>
> I had no intention of <u>making</u> trouble. (전치사의 목적어)
>
> (나는 말썽을 일으킬 의도가 없었다.)
>
> We can lose our friends by <u>making</u> trouble. (전치사의 목적어)
>
> (우리는 말썽을 일으켜 친구를 잃을 수 있다.)

 다음 문장에서 동명사의 역할을 말하시오.

1) Her cleaning the house is not necessary.
2) Her husband appreciate her cleaning the house everyday.
3) What her husband insists on is her cleaning the house everyday.

Answer 1) 주어 2) 목적어 3) 보어

3.2.2. 동명사의 형태

❶ 시제; 동명사는 본동사의 시제와 일치하면 '동사 + ing'을 사용하고, 본동사보다 앞서면 'having + 과거분사'로 된 완료형을 사용한다.

Eating a lot is harmful to your health.

(많이 먹는 것은 당신의 건강에 해롭습니다.)

Having eaten a lot caused my stomachache.

(Because I had eaten a lot, it caused my stomachache.)

(많이 먹어서 배탈이 났다.)

❷ 의미상 주어; 원칙으로 동명사 앞에 명사 또는 대명사의 소유격을 사용하나, 동명사가 목적어 위치에 사용되면 목적격도 사용한다.

His behaving timidly bothers me.

⇒ His timid behaviour bothers me.

(그의 소심한 행동은 나를 성가시게 한다.)

I don't like his [him] behaving timidly.

(나는 그가 소심하게 행동하는 것을 좋아하지 않는다.)

I don't like Mary's [Mary] behaving timidly.

(나는 메어리가 소심하게 행동하는 것을 좋아하지 않는다.)

❸ 부정형; 동명사 앞에 'not'을 첨부한다.

Not exercising can damage your health.

(동명사는 동사에서 유래한 것이므로 부사 'not'을 사용한다.)

⇒ No exercise can damage your health.

　(명사 앞에는 형용사 'no'를 사용한다.)

　(운동을 안하면 건강에 해로울 수 있다.)

　　cf. 대체로 후자의 명사형 'No exercise'는 사실 또는 진리를 나
　　　타내며, 전자의 'not exercising'은 (개인적) 행위를 나타낸다.

❹ 동명사의 수식어; 동명사는 부사의 수식을 받고, 명사는 형용사
　의 수식을 받는다.

Rising early is good for our health.

　(동명사) (부사)

　(일찍 일어나는 것은 건강에 좋다.)

An early riser can do a lot in the morning.

　(형용사) (명사)

　(일찍 일어나는 사람은 아침에 많은 것을 할 수 있다.)

❺ 관용적 용법; 전치사가 있는 관용어 다음에는 동명사를 사용한다.

What do you say to going hiking at Mt. Jirisan?

　(지리산에 하이킹 가지 않겠니?)

⇒ What do you think about going hiking at Mt. Jiri?

⇒ How about going hiking at Mt. Jiri?

⇒ Let's go hiking at Mt. Jiri.

다음 괄호 속에 적절한 말을 고르시오.

---

1) The aging couple are counting on (helping, being helped) financially by their children.
2) He prefers taking the bus to (drive, driving) to work.
3) He prefers to take the bus rather than (to drive, driving) to work.
4) He won't tolerate (telling, being told) what to do.
5) After (interviewing, being interviewed) for the job, you will be required to take an aptitude test.

4) being told   5) being interviewed
3) to drive   1) being helped   2) driving   **Answer**

3.2.3. 동명사와 부정사의 관계

동사와 문장의 의미에 따라 부정사 혹은 동명사, 또는 둘 다 사용이 가능하다.

❶ 동명사를 수반하는 동사; 대체로 중단, 감정과 연관된 동사가 많다.

admit, avoid, consider, delay, deny, enjoy, ignore, mind, quit, finish, miss, resent 등

Everybody <u>resents</u> being ignored.

(모든 사람은 무시당하는 것을 불쾌하게 여긴다.)

❷ 부정사를 목적어로 취하는 동사; 희망, 결정에 관계된 동사가 많다.

agree, aim, ask, decide, decline, demand, fail, hope, manage, plan, prepare, want, wish 등

They <u>agreed [decided]</u> to stop arguing over the problem.

(그들은 그 문제에 대한 논쟁을 멈추기로 동의[결정]했다.)

❸ 동명사, 부정사 둘 다를 목적어로 취하는 동사; 시작에 관계된 동사가 많다.

begin, start, cease, continue, commence, deserve, like, propose 등

He <u>began</u> [started] <u>to meditate [meditating]</u> on his future.

(그는 미래에 대해 숙고하기 시작했다.)

❹ 동명사와 부정사의 용법의 차이

a. 시제; 동명사는 과거의 행위, 부정사는 미래의 행위를 나타낸다.

주로 기억에 관계된 동사에 나타난다; recall, remember, forget, regret

I forgot [remembered] handing in the report yesterday.

(나는 어제 리포트를 제출했다는 것을 잊었다[기억하고 있다]; 이미 제출했다.)

I forgot [remember] to hand in the report by tomorrow.

(나는 내일까지 리포트를 제출해야 하는 것이라는 것을 잊고 있었다 [기억하고 있다]; 아직 제출하지 않았다.)

b. 문장 기능; 동명사는 목적어, 부정사는 부사적 용법으로 사용된다.

He stopped to smoke in the street. (부사적 용법, 목적)
(그는 거리에서 담배 피우기 위해 멈추었다.)

I stopped smoking on April 1, 1990. (명사적 용법, 목적어)
(나는 1990년 4월 1일에 담배를 끊었다.)

c. 태; 주로 주어가 사물인 경우 필요, 요구, 자격을 나타내는 동사 뒤에 동명사를 쓰면 수동의 의미를 나타내며, '수동형 부정사(to be + 과거분사)'와 의미가 같다; need, want, bear, require, deserve

My sneakers need washing. (내 신발은 씻을 필요가 있다.)
⇒ **My sneakers need to be washed.**
⇒ **I need to wash my sneakers.**

The problem deserves solving. (그 문제는 풀 만한 가치가 있다.)
⇒ **The problem deserves to be solved.**

That door needs painting. (그 문을 페인트 칠할 필요가 있다.)
⇒ **That door needs to be painted.**
⇒ **We need to paint the door.**

d. 의미 차이; 대개 의미가 같지만, 때로 동명사는 행위를 나타내고, 부정사는 이상(ideal) 또는 진리를 나타내는 경우가 있다.

(행위)

Jogging [?To jog] can't be good for old people.

(조깅은 노인에게 좋지 않을 수 있다.)

(진리)

To speak frankly [?Speaking frankly] is the best way to deal with all problems.

(정직하게 말하는 것이 모든 문제를 처리하는 좋은 방법이다.)

 다음 괄호 속에 적절한 말을 고르시오.

1) I don't enjoy (shopping, to shop) in crowded stores.
2) The city official denied (doing anything improper, to do anything improper).
3) I remember (to have done, having done) this exercise before.
4) We appreciated (having had, to have had) this opportunity to visit with you.
5) The man was fired for (not coming, not to come) to work on time.

Answer 1) shopping 2) doing anything improper 3) having done 4) having had 5) not coming

1 밑줄 친 단어를 어법에 맞게 고치시오.

ex I postpone <u>go</u> to the dentist.   정답: going

1) <u>Smoke</u> is permitted outside, not inside the building.

2) My boss often likes <u>vary</u> the procedure.

3) Now the motor company is considering <u>erect</u> a new sky-scraper.

2 괄호 속에서 어법에 맞는 동사형에 밑줄을 치시오.

ex She hopes (<u>to have been</u>, having been) hired by the end of this year.

1) He was punished for (having, to have) spent all of the money.

2) They planned (to have, having) taken the trip this winter.

3) In spite of (having, to have) been paid last week, he is still broke.

3 다음 밑줄 친 부분을 어법에 맞게 고치시오.

ex <u>Lose my wallet</u> made me upset.   정답: Losing my wallet

1) I'm looking forward to <u>you come to our house for dinner</u>.

2) <u>Not study everyday</u> will cause you to fail in the exam.

3) It takes a lot of time <u>finish my homework every night</u>.

4) It isn't easy <u>write in a second language</u>.

5) I want to apologize for <u>spill coffee on your new clothes</u>.

4 다음 괄호 속의 동사를 어법에 맞게 동명사, 분사 또는 부정사로 고치시오.

(1) (Find) the right job is probably one of the most important things we do in life. People get jobs in all sorts of ways. Some people answer an ad in the paper and get a good job. Some people write a lot of places (2) (ask) for work. And then there are those who just seem (3) (be) in the right place at the right time. For example, there was a young man who wanted (4) (be) a sailor. He used to spend a lot of time down by the sea (5) (watch) the tall ships. One day he heard the captain of a ship (6) (complain) that he could not sail because one of his crew was sick. The lad offered (7) (take) his place. And so his dream came true. He spent the rest of his life (8) (sail) the ships he loved.

04 수동태

4.1. 수동태의 의미와 형태

문장에서 행위의 방향을 나타내는 것을 태(voice)라고 한다. 주어가 행위의 주체가 되면 능동태, 행위의 대상(object)이 되면 수동태라고 한다.

> The students issue a campus monthly.
>
> (능동태; 주어가 행위의 주체)
>
> (학생들은 캠퍼스 월간지를 발행한다.)
>
> A campus monthly is issued by the students.
>
> (수동태; 주어가 행위의 대상)
>
> (캠퍼스 월간지는 학생들에 의해 발간된다.)

능동태를 수동태로 만드는 방법은 다음과 같다.

❶ 기본형

수동태는 'be + 과거분사'의 형태를 사용한다. 여기에서 'be' 동사는 시제를 나타내고, 과거분사는 수동임을 표시한다. 다음 네 가지 변화를 보면 쉽게 이해할 수 있다.

(과거시제) The students issued a campus monthly.

⇒ A campus monthly <u>was issued</u> by the students.
　　　　　　　　　　　과거　수동

(현재완료) The students have issued a campus monthly today.

⇒ A campus monthly <u>have been</u> issued by the students today.　현재완료　수동

(현재진행) The students is issuing a campus monthly now.

⇒ A campus monthly <u>is being</u> issued by the students now.　현재진행　수동

(미래) The students <u>will issue</u> a campus monthly.

⇒ A campus monthly <u>will be</u> issued by the students.
　　　　　　　　　미래시제　수동

❷ 수동태에 사용하는 전치사.

일반적으로 'by'를 사용하나 동사에 따라 'at, in, with, about, over, to' 등이 사용된다. 대개 일반동사는 'by', 감정동사는 'at, over, about' 등을 사용하나 일정하지 않다.

Everybody loves the man. (모두가 그를 사랑한다.)

⇒ The man is loved <u>by</u> everybody.

The situation worried me. (그 상황이 나를 괴롭혔다.)

⇒ I was worried <u>about</u> [over] the situation.

His behavior alarmed us. (그의 행동이 우리를 놀라게 했다.)

⇒ We were alarmed <u>at</u> his behaviour.

Language always interests him. (언어는 항상 그의 관심을 끈다.)

⇒ He is always interested in language.

The matter concerns me. (그 문제가 나와 관련이 있다.)

⇒ I am concerned with the matter. (나는 그 문제와 연관이 있다.)

I am concerned about the matter. (나는 그 문제가 걱정스럽다.)

We know the restaurant's desserts well.

(우리는 그 식당의 후식을 잘 안다.)

⇒ The restaurant's desserts are well known to us.

(그 식당의 후식은 우리에게 잘 알려져 있다.)

⇒ The restaurant is well known for its desserts.

(그 식당은 후식으로 잘 알려져 있다[유명하다].)

❸ 동사구의 수동태

동사구는 전체를 하나의 동사로 취급하며, 전치사를 생략해서는 안
된다.

We must take care of children.

(우리들은 아이들을 잘 돌보아야 한다.)

⇒ Children must be taken care of.

You should not laugh at people's mistakes.

(사람들의 실수에 비웃으면 안된다.)

⇒ People's mistakes should not be laughed at.

❹ 명령문의 수동태

'Let'으로 시작하며 동사는 'be + 과거분사'로 고친다.

Bring the table here. (탁자를 여기로 가져오너라.)

⇒ Let the table be brought here.

❺ 목적어가 절로 된 경우

They say that he is [was] a millionaire.

(그들은 그가 백만장자라고 말한다.)

a. 먼저 본동사를 수동태로 고친다. 일반적으로 'by them/us'는 생략한다.

That he is [was] a millionaire is said (by them).

b. 가주어를 사용한다.

It is said that he is [was] a millionaire.

c. 종속절의 주어를 주절의 주어로 하고, 남은 부분은 'to'부정사로 바꾼다.

이때 종속절의 시제가 본동사보다 앞서면 완료형 부정사를 사용한다.

He is said to be [to have been] a millionaire.

❻ 동작 동사는 수동태에서 'be' 대신 'get'을 사용할 수 있다.

The police caught the thief. (경찰이 도둑을 잡았다.)

⇒ The thief was [got] caught by the police.

Your argument a bit confuses me.

(너의 주장이 나를 당황하게 한다.)

⇒ I am [get] a bit confused by your argument. (수동태)

⇒ Your argument is a bit confusing. (형용사로 변형)

 EXERCISE) 다음 괄호 속에서 적절한 표현을 고르시오.

1) Your computer (has fixed, has been fixed) and you may pick it up any time.
2) The class (has changed, has been changed) to room 215.
3) Many books (have written, have been written) about success.

Answer 1) has been fixed   2) has been changed   3) have been written

❶ 다음과 같은 경우에는 주로 수동태를 사용한다.

(1) 행위자를 모를 때

The money was stolen. (금전을 도난당했다.)

The plane was refueled at the airport.

(비행기가 공황에서 재급유를 했다.)

(2) 주어를 언급하고 싶지 않을 때

A criminal is sometimes regarded as a hero.

(범인이 종종 영웅으로 간주된다.)

(3) 목적어 또는 대상(receiver)에 중점을 둘 때

The thief was caught by the detective.

(그 도둑은 형사로 인해 검거되었다.)

The problem should be solved at once.

(그 문제는 즉시 해결되어야 한다.)

❷ 수동태를 쓰지 않는 경우

상태 동사(have, let resemble, befall, become, suit 등)와 소유동사(have, hold, lack 등)는 원칙적으로 수동태를 사용하지 않는다.

My son <u>resembles</u> me. (나의 아들은 나를 닮았다.)

The dress <u>suits</u> [becomes] her. (그 옷이 그녀에게 어울린다.)

He <u>lacks</u> confidence. (그는 자신감이 부족하다.)

You behaviour <u>matters</u> to me. (너의 행동은 나에게 중요하다.)

Living in America <u>costs</u> a lot of money.

(미국에서 살면 돈이 많이 든다.)

 다음 문장을 수동태로 고치시오.

---

1) People are blaming climate change for the recent drought.
2) They will have cleared the litter from the field before the match.
3) An advancing sea is wearing away the coastline of the country.

1) _____

2) _____

3) _____

 1) Climate change is being blamed for the recent drought.
2) The litter will be cleared from the field before the match.
3) The coastline of the country is being worn away by an advancing sea.

---

1 다음 괄호 속에서 어법에 맞는 표현을 고르시오.

ex The game (won, was won) in overtime.   정답: was won

1) The engine (started, was started) on the very first try.

2) The photos (placed, were placed) in frames on the cabinet.

3) The store (opened, was opened) right on the schedule.

4) The hedge will (trim, be trimmed) this week.

7) Some tickets to the concert (have given away, have been given away) by the concert promoters.

2 다음 문장의 밑줄 친 동사를 'get + 과거분사' 형태로 고치시오.

ex I <u>tie up</u> in traffic on my way to work this morning.

정답: get tied up

1) How did the animals <u>rescue</u> from the flood?

2) The customer's brakes <u>are repairing</u> while he was waiting.

3) He applied for the job, but she didn't <u>hire</u>.

3 다음 보기와 같이 주어진 문장을 수동태로 바꾸시오.

ex They grow rice in warm, wet climates.
 ⇒ Rice is grown in warm, wet climates.

1) We expect the storm to bring snow to the city.

2) People always appreciate courtesy.

_____

3) We expect everyone to come to the meeting.

_____

4) People in Brazil speak Portuguese.

_____

5) We don't cash checks more than $100 here.

_____

4 다음 문장을 수동태로 고치시오. 단 'by' 이하는 생략하시오.

ex The police officer advised the minor to return to his home.
⇒ The minor was advised to return to his home.

1) The park official told the children to stay off the lawn.

_____

2) The night fighting required the soldiers to adapt to their new
   environment.

_____

3) The sergeant urged the recruits to evaluate their reasons for
   joining the army.

_____

5 보기와 같이 종속절의 주어를 주절주어로 이용하여 수동태로 만드시오.

> ex It is thought that there are many obstacles to peace.
> ⇒ There are thought to be many obstacles to peace.

1) It was believed that there were few experts on the disease.

_____

2) It is reported that the damage is extensive.

_____

05 비교급

비교급은 다음과 같이 두 개 이상의 사물 또는 대상을 비교 또는 대조할 때 사용한다.

> Reading is slower than speaking. (독서는 말하기보다 느리다.)
> Writing is slower than reading. (쓰기는 읽기보다 느리다.)
> Writing is the slowest of all activities.
> (쓰기는 모든 행위 중 가장 느리다.)

비교급을 만드는 방법과 의미에 대해 간단히 살펴 보자.

❶ 비교급을 만드는 방법은 다음과 같다.

　a. 1음절인 형용사와 부사; 단어 뒤에 '-er', '-est'을 첨부한다.

　　kind – kinder – kindest

　　big – bigger – biggest

　　(단모음 + 단자음일 때는 끝자음을 중복한다.)

large – larger – largest ('e'로 끝나면 'e'를 생략한다.)

simple – simpler – simplest

free – freer – freest

b. 'y' 또는 'er'로 끝나는 2음절 형용사; '-er', '-est'을 첨부한다.

clever – cleverer – cleverest

funny – funnier – funniest (마지막 'y'는 'i'로 고친다.)

pretty – prettier – prettiest

happy – happier – happiest

easy – easier – easiest

c. 2음절 이상의 부사와 형용사 (단, b.의 'y'또는 'er'로 끝나는 형용사 제외); 'more', 'most'를 첨부한다.

kindly – more kindly – most kindly

slowly – more slowly – most slowly

happily – more happily – most happily

common – more common – most common

cf. 부정의 '접두사('un')'가 있는 형용사는 '-er, -est'를 붙인다.

unhappy – unhappier – unhappiest

untidy – untidier – untidiest

d. 형용사가 서술적 용법으로 'than'과 함께 사용될 경우에는 '-er' 대신 'more'를 흔히 사용한다.

(단어를 별도로 사용한다고 우언법(periphrastic comparison)이라고 도 한다.)

John is more kind than Mary is.

It would be difficult to find a man more brave than he is.

She is more wealthy than I thought.

e. 다음과 같은 단어는 항상 'more'형을 사용한다;

fun, real, wrong, like

fun – more fun – most fun

She is more like [*liker] her father.

f. 영국식과 미국식 표현이 다를 수 있다.

cruel – crueller – cruellest (BE)

cruel – crueler – cruelest (AE)

❷ 두 개의 비교급을 가진 단어

원급(absolute)	비교급(comparative)	최상급(superlative)
good, well	better	best
bad, badly, ill	worse	worst
much, many	more	most
small, little (키가 작은)	smaller	smallest
little (양이 작은)	less	least
far	farther (거리), further / further (정도)	farthest, furthest / furthest
old	older (나이) / elder (서열)	oldest / eldest
late	later (시간) / latter (순서)	latest / last

a. 'good'과 'well'의 비교급

He feels better now.

(well[형용사]; 그는 이제 몸이 더 좋아진 느낌이다.)

She swims better than me.

(well[부사]; 그녀는 나보다 수영을 더 잘한다.)

Nothing is better than listening.

(good[형용사]; 듣는 것보다 좋은 것은 없다.)

b. 'bad', 'badly', 'ill'

He feels worse now.

(ill[형용사]; 그는 지금 더 몸이 나쁜 느낌이다.)

He behaves even worse than his brother.

(badly[부사]; 그는 그의 동생보다 행동이 더 나쁘다.)

Hamburger is worse than spaghetti.

(bad[형용사]; 햄버거는 스파게티보다 더 나쁘다.)

c. 'much'와 'many'

He is more like his mother than his father.

(much[부사]; 그는 그의 아버지보다 어머니와 더 많이 닮았다.)

She reads more books than me.

(many[형용사]; 그녀는 나보다 더 많은 책을 읽는다.)

d. 'small' 과 'little'

Ann is smaller than Mary.

(small[형용사] 또는 little[형용사]; 앤은 메리 보다 작다.)

I have less money than I did before.

(little[형용사]; 나는 과거보다 적은 돈을 가지고 있다.)

·I travel less than my wife.

(little[부사]; 나는 아내보다 적게 여행을 한다.)

e. far

My house is farther [further] from the station than his house.

(오늘날에는 거리에도 'further'를 흔히 사용함; 나의 집은 그의 집보다 역에서 더 떨어져 있다.)

We need to look further [*farther] into this matter.

(정도; 우리는 이 문제를 보다 깊이 살펴볼 필요가 있다.)

'further'는 'more, additional, later'의 의미로도 사용된다.

There is further [more] reason for deciding now.

(지금 결정해야 할 더 많은 이유가 있다.)

Any further [more, additional] questions?

(질문이 더 있습니까?)

The company will be closed until further [later] notice.

(그 회사는 나중에 공고가 있을 때까지 문을 닫습니다.)

f. old

Her elder brother is three years older than she [her].

(그녀의 오빠는 그녀보다 세 살 더 많다.)

There is some distinction between the minds of younger and older people.

(젊은 사람들과 더 나이가 든 사람들 사이의 마음에는 차이가 있다.)

g. late

She gets up later than me.

(그녀는 나보다 늦게 일어난다.)

He came to the meeting 30 minutes later.

(그녀는 30분 늦게 모임에 왔다.)

Of chicken and fish, I like the latter. [=I like fish better.]

(닭과 어류 중에서, 나는 후자[어류]를 더 좋아한다.)

He spoke last at the meeting.

(그는 그 모임에서 마지막으로 말했다.)

 EXERCISE 다음에서 옳은 것을 고르시오.

1) The wolf is (more scared, scareder) of us than we were of it.
2) He described her as (more pretty, prettier) than beautiful.
3) There are two routes up the mountain, but we took (more long, windinger / longer, more winding) one.

Answer 1) more scared 2) more pretty 3) longer, more winding

비교급과 최상급의 용법과 기능을 간단히 살펴보자.

❶ 동등 비교; 'as ~ as'를 사용한다.

The hotel room runs as high as $300 a day.

(그 호텔방은 하루 300달러다.)

It is just as hot today as it was yesterday.

(어제 만큼 오늘도 덥다.)

❷ 열등비교; 'less ~ than' 또는 'not so [as] ~ as'를 사용한다.

My watch is less expensive than his.

(나의 시계는 그의 것보다 비싸지 않다.)

⇒ My watch is not so expensive as his.

Playing tennis well is not as easy as it seems.

(테니스를 잘하기는 보기만큼 쉽지 않다.)

❸ 우등비교는 '비교급 + than' 또는 'the 비교급 + of the two'를 사용한다.

This apple is redder than that one.

(이 사과는 저 사과보다 더 붉다.)

She is more careful than me. (그녀는 나 보다 더 주의 깊다.)

He is the more generous of the two men.

(그는 두 사람 중 더 관대하다.)

❹ 3개 이상을 비교하는 최상급은 다양하게 표현한다.

　a. 'the + 최상급 + of 또는 in'으로 표현한다. 대등한 대상이면 'of', 전체를 나타내면 'in'을 사용한다.

　　Munki is the tallest **of** my friends.

　　(문기는 내 친구 중에 가장 키가 크다.)

　　(문기와 내 친구는 대등하다.)

　　Munki is the tallest **in** his class.

　　(문기는 그의 학급에서 가장 크다.)

　　(문기와 학급은 대등한 것이 아니다.)

　　It is the tallest tree **in** the forest.

　　(그것은 숲 속에서 가장 큰 나무다.)

　　It is the tallest **of** the trees. (그것은 나무 중에서 가장 크다.)

　b. 최상급의 의미를 비교급 또는 원급으로 나타낼 수 있다.

　　He is the most patient boy in his class.

　　(그는 그의 학급에서 가장 끈기있는 소년이다.)

⇒ He is more patient than any other boy in his class.

⇒ No student in his class is more patient than him [he].

⇒ No student in his class is as patient as him [he].

　　(요즈음은 비교급 뒤의 대명사는 목적격을 많이 쓴다. 이유는 발음의 편의 또는 'than'과 'as'를 전치사로 보는 경향 때문이다.)

❺ 비교급의 수식어

　a. 비교급은 강조하기 위해 'much, far, a great deal' 등의 수식어를 사용할 수 있다.

That job is much [far, a great deal, much, *very] easi-
er than this.

b. 최상급에서 'very'를 사용하면 반드시 정관사 'the'를 수반해
야 한다.

Anna is youngest [the youngest, the very youngest,
*very youngest].

❻ 비교급의 관용적 용법

비교급은 접속사와 결합하여 관용적 의미를 지니므로 외워두어야
한다.

a. He has <u>no less rich than</u> 1 million won. (as much as)

(그는 백만 원이나 가지고 있다.)

He is <u>no less rich than</u> his sister. (as rich as)

(그는 그의 누이만큼 부유하다.)

b. He has <u>not less than</u> 1 million won. (at least).

(그는 적어도 백만 원은 가지고 있다.)

He is <u>not less than</u> his sister. (at least as rich as)

(그는 적어도 그의 누이만큼 부유하다.)

c. He has <u>no more than</u> 1 million won. (only)

(그는 백만 원 밖에 가지고 있지 않다.)

d. He has <u>not more than</u> 1 million won. (at most)

(그는 기껏해야 백만 원 가지고 있다.)

e. He has <u>more than</u> 1 million won. (over)

(그는 백만 원 이상 가지고 있다.)

f. He has <u>less than</u> 1 million won. (not so much as)

(그는 백만 원 보다 적게 가지고 있다.)

 다음에서 옳은 것을 고르시오.

1) The difference was (so, very) small as it was not worth arguing about.
2) The suitcase is (so, too) small to get all his clothes in.
3) The child is not tall (so, enough) to reach the shelf.
4) He speaks (very, too) softly to be heard.
5) It is not (so, such) a polluted city as it was 10 years ago.

 1) so 2) too 3) enough 4) too 5) such

연습문제

1 다음 중에서 어법에 맞는 것을 고르시오.

1) Two things are very alike, so they are the (　　) each other.

　① same as　　② same like　　③ same that　　④ same with

2) You like chocolate, and (　　).

　① me too　　② so am I　　③ so do I　　④ I also

3) (　　) a doctor, I must advise you to give up smoking.

　① As　　② Like　　③ Alike　　④ Though

4) She said it (　　) she meant it.

　① as if　　② as that　　③ although　　④ alike

5) You play tennis (　　) than I.

　① better　　② much　　③ more better　　④ a little

6) (　　) a lot of other people, we managed to survive the recession.

　① Contrary to　　　　② In contrast to

　③ On the contrary with　　④ Without comparison with

7) If you (　　) me, just say so.

　① disagree with　② differ from　③ differ with　④ disagree to

8) If you don't like this one, try something (　　).

　① other　　② another　　③ else　　④ more

9) There's little to choose between them. They're (   ).

　① equally nice 　　　　　　　② equally as nice

　③ equal nice 　　　　　　　　④ equal as nice

10) The two models are exactly the same (   ).

　① in any case 　　　　　　　② in all cases

　③ in all respects 　　　　　　④ in any event

11) A: How are you feeling today?

　B: (   ) better, thank you.

　① Very 　　　② Many 　　　③ Much 　　　④ More

12) A: I've got a place in college!

　B: (   ).

　① So I have 　② So have I 　③ And so I have 　④1) So I got

13) Do it (   ).

　① like I 　　　② like so 　　　③ like this way 　④ like this

14) A: You're not the only one who didn't hear the news.

　B: I didn't (   ) .

　① either 　　② neither 　　③ also 　　　④ too

15) How do you like Seoul?

　① I like. 　　　　　　　　　② I like it.

　③ I like very much. 　　　　④ I like it very much.

2 다음 문장에서 틀린 부분을 찾아서 고치시오.

ex Our classroom is the hotter than the one next door.

정답: the hotter ⇒ hotter

1) She became the most angriest that I have ever seen her.

2) The weather today is much more cloudier than it was yesterday.

3) The seats on this airline are more wide than those on the air-line that I took last month.

4) The building where he works is the most tall in town.

5) This coffee is more strong and flavorful than my regular coffee.

06 관계사

관계사는 두 개의 절을 한 문장으로 연결하는 역할을 하며, 관계대명사, 관계부사, 관계형용사로 구분된다. 모든 관계사는 기본적으로 두 문장의 공통되는 성분을 줄이고 문장을 연결하는 접속사의 기능을 가진다.

6.1. 관계대명사

6.1.1. 관계대명사의 기능

두 개의 문장을 연결하는 접속사와 대명사의 역할을 한다. 관계대명사절은 앞의 명사(구)를 수식하므로 의미상 형용사절의 역할을 한다.

먼저 우리말을 통하여 관계대명사의 형성과정을 살펴보고, 다음으로 구체적인 용법을 살펴보자.

❶ 우리말의 형성 과정

예를 들어 다음 우리말 두 문장을 연결해 보자.

우리는 그 해변에 갔다. 나의 친구가 그 해변[곳]을 추천하였다.

위의 문장 두 개를 한 문장으로 결합하면 다음과 같다.

⇒ 우리는 나의 친구가 추천한 그 해변에 갔다.
　　　　　 수식어　　　　　 명사구

위의 결합과정을 살펴보면

   a. 두 문장에서 종속절 속에 있는 중복되는 명사구[해변]를 생략
한다.

   b. 명사구가 생략된 문장을 수식하는 문장 앞으로 이동한다.
(영어에서는 뒤로 간다.)

   c. 동사의 어미를 바꾼다; 여기서는 '추천하다'가 '추천한'으로 바
뀐다.

❷ 영어의 관계대명사의 형성과정

영어도 우리말과 유사한 과정을 거치게 된다. 다음 예문을 보자.

We went to the beach. My friend recommended the
beach [it].

   a. 중복되는 부분을 생략한다.

   We went to the beach. My wife recommended.

   b. 생략된 절을 수식하는 명사 뒤에 연결한다.

   We went to the beach (　　　) my wife recommended.

   c. 생략된 성분에 맞는 관계대명사를 쓴다; 여기서는 생략된 명
사구가 목적어고 사물이므로 관계대명사의 목적격 'which'를

쓴다.

We went to the beach (which) my wife recommended.

　즉, 우리말은 문장연결을 위해서 동사의 어미를 변화하지만, 영어는 관계사 (여기서는 관계대명사)를 사용하는 것이다. 그리고 관계대명사 앞에서 수식을 받는 명사(구)를 선행사 또는 선행어라고 한다. 위의 문장에서 선행사는 'the beach'이다. 그리고 위의 목적격 관계대명사는 생략할 수 있다.

> **cf.** 관계대명사의 제한적 용법과 계속적 용법의 차이
> 　관계대명사는 앞의 선행사의 의미를 한정할 수도 있지만, 단순히 추가적인 설명을 덧붙이는 부사절 역할을 할 수도 있다. 이 경우 전자를 한정적 관계절(restrictive relative clause), 후자를 비한정적 또는 비제한적 관계절(nonrestrictive relative clause)이라 한다. 비한정적 용법에 포함된 관계대명사는 앞의 명사구뿐만 아니라, 앞의 구나 절을 대신할 수도 있으므로 주의해서 해석해야 한다.

Rattlesnakes which [that] are poisonous should be avoided. (Poisonous snakes)
(독이 있는 방울뱀은 피해야 한다; 독이 있는 방울뱀만 피해야 한다.)
Rattlesnakes, which [*that] can be poisonous, should be avoided.
(because they can be poisonous...)
(방울뱀은 독이 있을 수 있기 때문에 피해야 한다; 모든 방울뱀은 피해야 한다.)

다음 두 문장의 경우를 보자.

① He raised snakes and lizards which frightened me.

 (그는 나를 두렵게 하는 뱀과 도마뱀을 길렀다.)

위의 문장은 다음과 같이 해석한다.

 He raised snakes and lizards, and they frightened me.

 (선행사가 앞의 명사구; 그는 뱀과 도마뱀을 길렀다. 그것들이 나를 두
렵게 했다.

② He raised snakes and lizards, which frightened me.

위의 문장은 다음과 같은 해석도 가능하다.

 He raised snakes and lizards, and that (fact) frightened me.

 (선행사가 앞의 절; 그는 뱀과 도마뱀을 길렀다. 그 사실이 나를 두렵게
했다.)

 EXERCISE) 다음 두 개의 문장을 관계대명사의 계속적 용법과
제한적 용법으로 구별하여 해석하시오.

---

a. The boy's mother, who loves him very much, has made many sacrifices for his happiness.
b. A mother who loves her son is willing to make many sacrifices for his happiness.

Answer a. 그 소년의 어머니는 매우 그를 좋아하기 때문에 그의 행복을 위해 많은 희생을 했다.
b. 아들을 사랑하는 어머니는 자식의 행복을 위해 많은 희생을 할 각오가 되어 있다.

6.1.2. 관계대명사의 격과 용법

문장에서의 역할 또는 동사와의 관계를 격(case)이라고 한다. 예를 들면 문장에서 주어였으면 주격이라고 하는 것이다. 그리고 문장성분의 역할에 따라 사용하는 관계대명사는 정해져 있으므로 암기해 두어야 한다.

❶ 관계대명사의 격은 다음과 같이 구분된다.

격	제한적 (restrictive)			비제한적(nonrestrictive)	
	사람	사물	사람, 사물	사람	사물
주격	who	which	that	who	which
목적격	who(m), 생략	which, 생략	that, 생략	whom	which
소유격	whose	whose, of which		whose	

(1) 주격

I don't know the people who [that] attended the meeting.

(선행사가 사람인 경우에는 'who'를 많이 쓴다.)

(나는 그 모임에 참석한 사람들을 모른다.)

Books which [that] sell well are not necessarily good ones.

(잘 팔리는 책이 반드시 좋은 책은 아니다.)

(2) 소유격

a. 사람은 'whose'를 사용한다. 다음 두 문장을 결합해보자.

The lady is a famous scientist. You met her daughter.

⇒ The lady whose daughter you met is a famous scientist.

(사람은 'of which' 사용하지 않는다.)

A man was shouting at a woman whose car [*the car of which] was blocking the street.

(남자가 자신의 차로 거리를 막고 있는 여자에게 소리치고 있었다.)

b. 사물은 'of which'와 'whose' 둘 다 사용할 수 있다. 사물을 나타낼 때에는 'of which'가 더 공식적인(formal) 표현이다.

The roof of the house was damaged. It has now been repaired.

⇒ The house whose roof was damaged has now been repaired.

(지붕이 파손된 집이 이제 수리되었다.)

⇒ The house the roof of which was damaged has now been repaired.

⇒ The house of which the roof was damaged has now been repaired.

cf. 소유격 'of which'의 경우 'of' 전치사와 'which'를 분리할 수 없다.

*The house which the roof was damaged of has now been repaired.

물론 의미상으로는 다음과 같은 구문으로 표현할 수는 있다.

The house which [that] had its roof damaged has now been repaired.

The house with the damaged roof has now been repaired.

또 다른 예문을 보자.

A huge amount of oil was spilled. Its effect still being felt.

⇒ A huge amount of oil was spilled, whose effect [the effect of which] are still being felt.

(많은 기름이 유출되었으며, 그 영향은 아직도 느껴지고 있다.)

cf. 전치사 'of'가 소유격이 아닌 동사구의 일부이면 'whose'를 사용할 수 없다.

You spoke of the poem. The poem was written by Walt Whitman.

⇒ The poem which [that] you spoke of was written by Walt Whitman.

(네가 말한 시는 월트 휘트먼이 썼다.)

⇒ The poem of which you spoke was written by Walt Whitman.

⇒ The poem (which) you spoke of was written by Walt Whitman.

⇒ *The poem whose you spoke was written by Walt Whitman.

(3) 목적격

a. 동사의 목적어가 있는 문장

다음 두 문장을 결합해보자.

The man always smiles. We like him.

⇒ The man (　　) we like always smiles.

생략된 'him'이 사람이고 목적격이므로, 'who(m)', 'that'을 사용할 수 있다. 'whom' 대신 'who'를 쓰는 것은 발음의 편의 때문이라고 보기도 한다.

The man whom [that, who, 또는 생략] we like always smile.

(who[m]; 'like'의 목적어로 사람, that; 사람, 사물에 사용가능

생략; 목적격은 생략가능)

b. 전치사의 목적격

다음 두 문장을 결합해보자.

This is the good counselor. You can talk with him.

⇒ This is the good counselor with whom [*with that] you can talk. (공식적)

(전치사와 관계대명사 'that'은 연속으로 연결해서 쓰지 않는다; 이 사람은 네가 상의할 수 있는 좋은 상담자다.)

⇒ This is the good counselor whom [who, that] you can talk with.

⇒ This is the good counselor you can talk with.

관계절에서의 전치사의 위치

공식적(formal) 표현에서는 관계대명사 앞에 두고, 일상적 표현에서는 문장 뒤에 둔다.

The playground should be used by the children for whom it was built.

(공식적; 운동장은 설립목적에 따라 아이들이 사용해야 한다.)

⇒ The playground should be used by the children whom [who, that] it was built for.

(일상적; 전치사를 문장 뒤에 두면, whom/who/that 모두 가능)

⇒ The playground should be used by the children it was built for.

(목적격 관계대명사는 전치사가 뒤에 있으면 생략가능)

cf. 관계대명사로 결합할 때는 전치사는 생략되지 않으므로 유의해야 한다.

Do you know the office which [that] she works in?

(너는 그녀가 일하는 사무실을 아느냐?)

⇒ Do you know the office in which she works?

⇒ Do you know the office she works in?

⇒ Do you know the office where she works? (관계부사)
　　　　　　　　　　　　　　　　　　(in which)

❷ 관계대명사 'which'의 특수용법

a. 앞 문장 전부를 받을 수 있다.

She was silent, and that made us nervous.

She was silent, which made us nervous.

(그녀가 말이 없어, 우리가 불안했다.)

She is hardworking, and <u>that</u> impresses me.

She is hardworking, <u>which</u> impresses me.

(그녀가 열심히 노력해서 나에게 인상이 깊다.)

b. 앞 문장의 보어와 관계절의 보어가 일치할 때 사용하기도 한다.

He is rich and I want to be rich.

He is rich, which I want to be.

(그는 부자이며, 나도 그렇게 되기를 원한다.)

She's not a brilliant dancer but she used to be a brilliant dancer.

She's not a brilliant dancer (which) she used to be.

(이 경우 'which'를 생략할 수 있다.)

(그녀는 과거의 그 뛰어난 무용수가 아니다.)

c. 앞 문장의 동사를 대신하는 경우도 있다.

When he laughed, which he did often, we saw his yellow, uneven teeth.

(종종 그렇듯이 그가 웃을 때는, 우리는 그의 누렇고 고르지 못한 치아를 보았다.)

❸ 관계대명사 'that'의 특별 용법

a. 선행사가 사람과 사물일 때

The Defense Department didn't send the extra <u>men</u> <u>and equipment</u> (that) the fleet needed.

(국방부가 그 함대가 필요로 하는 여분의 병력과 장비를 보내지 않았다.)

b. 선행사가 최상급, 서수(first, last, next...), only 등의 수식을 받을 때

You can eat the finest food that [which도 가능] is available in this city.

(너는 이 도시에서 구할 수 있는 가장 좋은 음식을 먹을 수 있다.

We will take the first train that [which도 가능] starts from Busan.

(우리는 부산에서 출발하는 첫 번째 기차를 탈 것이다.)

c. 선행사가 양을 나타내는 단어, all, anything, everything, nothing, little, much 등을 포함하고 있을 때

All [Anything, Much] that has been said today will be forgotten tomorrow.

(오늘 들은 모든 것[어떤 것, 많은 것]은 내일 잊혀질 것이다.)

1) The enemies are poverty and injustice.
   Every country fights against these enemies.
2) The new students were required to take a special orientation program.
   Some of the students came from other countries.

1) _____

2) _____

Answer
1) The enemies which every country fights against are poverty and injustice.
The enemies against which every country fights are poverty and injustice.
2) The new students, some of whom came from other countries, were required to take a special orientation program.

6.1.3. 관계대명사의 유형

여기에서는 관계대명사 'what', 복합관계대명사, 유사관계대명사의 용법을 차례대로 살펴 보기로 한다.

❶ 관계사, 'what'

관계대명사 'what'은 선행사인 명사구의 역할을 포함하고 있다. 따라서 주절에서 주어, 목적어 등의 역할도 하므로 명사형 관계대명사

(nominal relative pronoun)라고도 한다. 다만 이 경우 'what'은 구체적 의미가 없는 'the thing(s), the person[people]'의 의미를 지닌다. 만일 선행사가 구체적인 명사(구)인 경우에는 'what'을 사용하지 않는다.

(1) 'What'의 형성과정을 살펴 보자.

a. I bought the thing. She tasted the thing [it].
⇒ She tasted the thing which I bought.
⇒ She tasted what I bought. (그녀는 내가 산 것을 맛보았다.)

I'll tell you the thing. I'm going to do it.
⇒ I'll tell you the thing which I'm going to do.
⇒ I'll tell you what I'm going to do.
(내가 너에게 내가 할 것을 이야기하겠다.)

b. My friend became the person in later life. He distressed us.
⇒ The person who my friend became in later life distressed us.
⇒ What my friend became in later life distressed us.
(그 후, 우리는 그 친구의 상황에 괴로웠다.)

My memory isn't what it used to be. [=it is not as good as it used to be.]
(나의 기억력은 과거와 같지 않다.)
I am happy with what I am. (나는 현재의 나에 만족한다.)

(2) 'what'은 다음과 같은 특징이 있으므로 유의해야 한다.

   a. 선행사가 구체적인 대상인 경우에는 'what'을 사용하지 않
      는다.

   I bought the bread. She tasted the bread.

   ⇒ She tasted the bread which I bought.

   ⇒ *She tasted what I bought.

   ('the bread'는 구체적이므로 'what'으로 처리되면 의미를 복구할 수
   없다.)

   b. 지시하는 대상에 따라 단수 또는 복수로 처리된다.

   What were left behind were five empty bottles. (The
   things that)

   What was left behind was an empty bottle. (The thing
   that)

(3) 관계형용사 'what'

   'what'은 관계사와 한정 형용사의 의미도 가질 수 있다. 이 경우
'what'은 'all the + 관계대명사'의 역할을 한다.

   I have money. All the money is yours.

   ⇒ All the money that I have is yours.

   ⇒ What money I have is yours.

   이 경우도 수식하는 명사에 따라 단수 또는 복수를 사용한다.

What possessions I have are yours. [(all) the posses-
sions that I have]

❷ 복합관계대명사(compound relative pronoun)

관계대명사에 양보의 의미를 지닌 'ever'가 첨가된 단어를 소위 복
합관계대명사라고 한다. 이 'ever'는 정해지지 않은 모든 대상을 포함
한다. 여기에는 'whoever(주격; 누구든지), whomever(목적격; 누구든지),
whatever(무엇이든), whichever(어느 것이든지)'가 있다.

복합관계대명사는 전혀 별개의 두 가지 용법이 있다. 먼저 관계대
명사 'what'과 마찬가지로 명사형 관계대명사(nominal relative pronoun)
의 역할을 한다. 다음으로 양보의 부사절을 만드는 역할을 할 수도 있
다. 이 두 가지 용법은 전혀 별개로 따로 취급되어야 하지만, 형태가 유
사하여 문법에서 함께 취급하므로 유의해야 한다.

(1) 명사형 복합관계대명사

이 경우는 'what'과 유사한 용법을 가진다. 즉, 관계대명사와 선행
사의 구실을 하는 것이다. 예를 들어 다음 복합관계대명사의 형성과정
을 보자.

Anyone may come to the restaurant and he/she can
park for free.
⇒ Anyone who may come to the restaurant can park for free.
　(식당에 오는 누구든지 무료로 주차할 수 있다.)
⇒ Whoever may come to the restaurant can park for free.
　(주격 관계대명사절 + 주절 주어 역할)

He'll do everything. His wife says it.

⇒ He'll do whatever his wife says. (everything that)

(그는 자기 아내가 말하는 것은 모두 한다.)

Give the clothes to anyone. He/She needs it. (주어)

⇒ Give the clothes to whoever needs it. (anyone who)

(그것을 필요로 하는 누구에게나 그 옷을 주어라.)

Give the clothes to anyone. You like him/her. (목적어)

⇒ Give the clothes to who(m)ever you like. (anyone whom)

(네가 좋아하는 누구에게든지 그 옷을 주어라.)

cf. 오늘날 구어체에서는 'whomever' 대신 'whoever'도 많이 사용한다.

Choose whichever you like best. (anything that)

(네가 가장 좋아하는 것은 어느 것이든지 선택하여라.)

(2) 부사절을 이끄는 복합관계대명사

복합관계대명사가 부사절에 사용될 때에는 비한정 명사와 양보의 접속사 역할을 한다. 이 경우에는 'no matter + 관계대명사'로 대체할 수 있다. 결과적으로 이 관계대명사는 양보의 의미를 지닌 부사절을 이끌게 된다. 양보(concession)란 '무엇이든 허용 또는 가능하다'는 의미이다.

Anything happens, but you must arrive there by six.

Even though anything happens, you must arrive there by six.

⇒ Whatever [No matter what] happens, you must arrive there by six.

(무슨 일이 있더라도, 너는 거기에 6시까지 도착해야 한다.)

Even though you choose anything, you'll not regret.

⇒ Whichever [No matter which] you choose, you'll not regret.

(네가 어느 것을 선택해도, 후회하지 않을 것이다.)

Whoever [No matter who] may say so, you shouldn't go there.

(누가 그렇게 말해도, 거기에 가지 마라.)

Who(m)ever we meet, we usually mention the weather first.

(누구를 만나든 우리는 대개 날씨를 먼저 언급한다.)

다음과 같이 관계형용사처럼 사용되기도 한다.

Even though we may learn any language, we must not neglect our mother tongue.

⇒ Whatever language we may learn, we must not neglect our mother tongue.

⇒ No matter what language we may learn, we must not neglect our mother tongue.

(어떤 언어를 배우더라도, 우리의 모국어를 소홀히 하지 않아야 한다.)

❸ 유사관계대명사(pseudo relative pronoun)

선행사의 형태에 따라 관용적으로 위의 관계대명사 대신 다른 접속사가 사용되는 경우가 있다. 여기에는 'as, but, than'이 있으며, 이런 접속사를 유사관계대명사라고 한다.

(1) 'as'; 선행사가 'such, the same'을 포함할 경우에 사용한다.

We can't be the same man as we were yesterday.

(우리는 어제의 우리가 될 수 없다.)

I try to speak in such simple language as the children can understand easily.

(나는 아이들이 쉽게 이해할 수 있는 간단한 언어로 말하려고 노력한다.)

> **cf.** 선행사가 동일한 대상인 경우에는 'as' 대신 'that'을 사용한다.
>
> The police found the same watch that you lost.
>
> (동일한 물건)
>
> (경찰은 네가 분실한 바로 그 시계를 찾았다.)
>
> The police found the same watch as you lost.
>
> (같은 종류의 물건)
>
> (경찰은 네가 분실한 것과 같은 종류의 시계를 찾았다.)

cf. 'As'는 'which' 대용으로 앞 문장 전체를 가리킬 수 있다. 이
경우는 대체로 관계절 전체가 관용적 용법이므로 그대로 외
우는 편이 좋다.

She is extremely popular, **as is common knowledge.**

(모두 알다시피, 그녀는 매우 인기가 있다.)

I live a long way from work, **as you know.**

(너도 알다시피, 나는 직장에서 멀리 떨어져 산다.)

As is often the case, the book I wanted was out of
print.

(흔히 있는 일이지만, 내가 필요한 책은 이미 절판되어 있었다.)

(2) but; 관계대명사 + 부정('not')의 의미를 나타낼 때 사용한다.

There is no rule <u>but</u> has exceptions. [that doesn't have
exceptions.]

(예외가 없는 규칙은 없다.)

There are none of us but respect his honesty. [that don't
respect his honesty.]

(그의 정직성을 존경하지 않는 사람은 우리 중 하나도 없다.)

(3) than; 선행사가 비교급일 때

She has <u>more</u> books <u>than</u> I have. (그녀는 나보다 책이 많다.)

The child has <u>more</u> money <u>than</u> he needs.

(그 아이는 필요한 것보다 더 많은 돈을 가지고 있다.)

The child has a lot of money that his mother gave him.

(그 아이는 엄마가 그에게 준 많은 돈을 가지고 있다.)

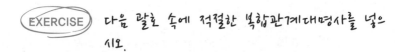

EXERCISE 다음 괄호 속에 적절한 복합관계대명사를 넣으시오.

1) I enjoyed eating (   ) my mother cooked.
2) (   ) breaks this rule will be punished.
3) (   ) you may choose, you will experience the same difficulty.
4) I often look into the eyes of (   ) I am talking to.
5) (   ) one meets, the first thing one mention is the weather.

Answer 1) whatever 2) Whoever 3) Whichever 4) whomever
5) Whomever, Whoever

6.1.4. 관계대명사와 문장관계

❶ 관계절과 구의 관계

관계대명사절은 앞의 명사구를 수식하는 형용사절이다. 따라서 의미가 유사한 형용사구 또는 형용사로 바꿀 수 있다.

I met a beautiful girl who had black eyes.

(나는 검은 눈을 가진 어떤 아름다운 소녀를 만났다.)

⇒ I met a beautiful girl having blue eyes.

⇒ I met a beautiful girl with blue eyes.

⇒ I met a beautiful blue-eyed girl.

The person who lives next door is very quiet.

(옆집에 사는 남자는 매우 조용하다.)

⇒ The person living next door is very quiet.

⇒ My (next-door) neighbor is very quiet.

❷ 관계대명사와 삽입절

관계절 속에 생각이나 희망을 나타내는 동사 – think, suppose, imagine, believe, guess, be sure, hope 등 – 가 있는 삽입절이 포함될 수 있다. 이때 삽입절 다음에 'that'을 쓸 수는 없다.

He read the email. I think [I am sure] that it would be sent to you.

⇒ *He read the email which I think [I am sure] that would be sent to you.

⇒ He read the email which I think [I am sure] would be sent to you.

(그는 너에게 보낼 이메일을 읽었다.)

He read <u>the email</u>. Miss Kim hoped that it would be sent to you.

⇒ *He read the email which Miss Kim hoped **that** would be sent to you.

(관계절에 포함된 삽입절의 성분이 관계대명사로 바뀌면, 접속사, 'that' 도 생략되어야 한다.)

⇒ He read the email which [that] Miss Kim hoped would be sent to you.

(그는 김양이 너에게 보낼 이메일을 읽었다.)

 다음 문장에서 생략할 수 있는 부분을 쓰시오.

1) The Titanic, which was a huge ocean liner, sank in 1912.
2) The liner, which was loaded with luxuries, was thought to be unsinkable.
3) Objects which were found inside the ship included unbroken bottles of wine and expensive undamaged china.
4) Some passengers who were confronted with disaster behaved heroically, but others selfishly.

 Answer 1) which was 2) which was 3) which were 4) who were

1 다음 보기와 같이 관계대명사를 이용하여 두 문장을 결합하시오.

ex I don't know the name of the clerk. She helped me.

⇒ I don't know the name of the clerk who helped me.

1) The man is a safe driver. He keeps his mind on the road.

_____

2) What's the number of the flight? It goes to Beijing.

_____

3) Diamonds are often found in rock formations called pipes.

They resemble the throats of extinct volcanoes.

_____

4) There are thousands of kinds of bacteria. Many of them are

beneficial.

_____

5) Jakarta is one of the largest cities in Asia. It is the capital of

Indonesia,

_____

2 다음 두 문장을 관계대명사를 사용하여 연결하고, 제한적 용법(restric-tive usage)과 계속적 용법을 구별하시오.

> **ex** I wanted the book. The book was already checked out.
> ⇒ The book that I wanted was already checked out.
> (제한적 용법; 내가 원하는 그 책은 대출되었다.)

1) The assignment took me four hours to complete. It was due last week.

_____

2) Maui is quite beautiful. It is one of the Hawaiian Islands.

_____

3) I read a number of articles. Most of them were very useful.

_____

3 관계대명사절을 전치사구로 바꾸시오.

> **ex** The umbrella which is beside the shoe shelf is mine.
> ⇒ The umbrella beside the shoe shelf is mine.

1) The umbrella which has the small hole in it is mine.

_____

2) Consumers who have problems should have the sales re-ceipts.

_____

3) The stores that are at the department store stay open until 8:00 p.m.

_____

4) Who is the tall man who has the long beard?

_____

5) Checks that don't have a signature on them can't be cashed.

_____

4 다음 밑줄 친 단어를 어법에 맞게 복합관계사로 바꾸시오.

ex <u>Anyplace</u> we plan to meet will be fine with me.

정답: Wherever

1) <u>Anything</u> you want to eat will be okay.

2) I can leave <u>any time</u> you're ready.

3) <u>Any day</u> you set will be okay for the meeting.

4) We'll travel <u>any way</u> we can.

5) We'll turn over the funds to <u>anyone</u> the company designates.

6.2.1. 관계부사의 종류와 기능

두 개의 문장을 연결하는 접속사와 부사(구)의 역할을 하는 단어를 관계부사라 한다. 선행사인 명사구를 수식하므로 관계대명사와 같이 형용사절을 이끈다. 시간(when), 장소(where), 이유(why), 방법(how)을 나타낸다.

간단히 관계대명사와 관계부사의 형성과정의 차이를 보자.

We are looking for the place. we will camp at the place.
⇒ We are looking for the place at which we will camp.
(우리는 캠핑할 장소를 찾고 있다.)

We are looking for the place. we will camp at the place [there].
⇒ We are looking for the place where we will camp.

위의 예문에서 '전치사 + 관계대명사'는 관계부사와 같은 기능을 한다는 것을 알 수 있다.

일반적으로 관계부사가 '전치사 + 관계대명사'보다 널리 사용된다.

❶ 관계부사의 유형

관계부사는 시간(when), 장소(where), 이유(why), 방법(how) 4가지 유형으로 구분한다.

(1) 'when'; 시간을 나타내며, 선행사 또는 'when' 둘 중 하나를 생략할 수 있다.

'when' 대신 'that'을 쓸 수도 있다.

We usually get home at a time when it is getting dark.

(우리는 대부분 어두워지면 집에 도착한다.)

⇒ We usually get home when it is getting dark.

⇒ We usually get home at a time (that) it is getting dark.

We should never forget (the time) when we were in great trouble.

(우리는 크게 곤란했던 때를 잊어서는 안된다.)

⇒ We should never forget the time when [that, 생략] we were in great trouble.

(2) 'where'; 장소를 나타내며, 선행사는 생략할 수는 있으나 'where'를 생략할 수 없다.

Do you know the office. He works at the office [there].

⇒ Do you know the office <u>where he works</u>. ('where'생략 불가)

　　　　at which he works. (전치사 + 관계대명사)

　　　　which [that] he works at. ('which' 대신 'that' 가능)

　　　　he works at (전치사의 목적격 생략가능)

a. 선행사가 구체적인 장소가 아닐 경우에만 생략할 수 있다; place, point 등.

선행사가 생략될 경우, 'where'는 선행사의 역할을 겸한다.

Let's go to a place where we can sit and talk.

⇒ Let's go where we can sit and talk.

(앉아서 이야기 할 수 있는 곳에 가자.)

그러나 구어에서는 다음과 같은 표현도 사용한다.

Let's go somewhere we can sit and talk.

cf. Let's go to <u>a coffee shop</u> where we can sit and talk.

(구체적인 장소이므로 생략 불가)

He lived a few blocks from (the place) where the riots began.

(선행사 생략 가능; 그는 폭동이 시작된 곳에서 몇 블록 떨어져서 산다.)

That's (the point) where you're wrong.

(선행사 생략 가능; 그것이 네가 틀린 점이다.)

The government is <u>at the stage</u> where it should reform pension systems.

(선행사 생략 불가; 정부가 연금제도를 개혁할 단계에 와 있다.)

b. 관계부사, 'where'는 '전치사 + 관계대명사' 대신 사용할 수 있다; 이 경우 선행사는 'case, condition, example, situation, system' 등 사례 또는 상황을 나타내는 경우가 많다.

We will talk about cases [situations] where [in which] consumer complaints have resulted in changes in the law.

(우리는 소비자 불만이 법률의 변화를 가져온 경우에 대해 논의할 것이다.)

(3) 'why'; 이유를 나타내며, 선행사 또는 'why' 둘 중 하나를 생략할 수 있다.

He didn't tell me the reason (why) he was absent.

He didn't tell me (the reason) why he was absent.

(그는 결석한 이유를 나에게 말하지 않았다.)

(4) 'how'; 방법을 나타내며, 'the way + how'의 경우는 둘 중 하나를 생략하거나 'how'를 'that'으로 전환해야 한다.

*I want to know the way how he became rich.

⇒ I want to know the way (that) he became rich.

⇒ I want to know how he became rich.

(나는 그가 부자가 된 방법을 알고 싶다.)

 다음 두 문장 관계부사 또는 관계대명사를 이용하여 4가지 방법으로 결합하시오.

That's the way. She did it in the way.

(같은 뜻)

*That's the way how she did it. (the way와 how는 함께 사용하지 않지)

That's how she did it.

That's the way she did it.

That's the way that she did it.

Answer That's the way in which she did it.

6.2.2. 복합 관계부사

관계부사에 비한정적 의미를 지닌 'ever'가 붙으면 복합관계 부사가 되며, 문장에서 부사절을 이끈다. 부사구와 양보의 접속사의 의미를 동시에 지닌다. 또한 관계부사와 달리 불특정(nonspecific)한 의미를 지닌다.

예를 들어 다음 두 문장을 비교해 보자.

The officer must go to the place. They send him to the place.

⇒ The officer must go to the place where they send him.

⇒ The officer must go where they send him. (정해진 장소)

(장교는 배치되는 장소에 가야 한다.)

The officer must go to any place. They send him to the place.

⇒ The officer must go to any place where they send him.

⇒ The officer must go wherever they send him.

(정해지지 않은 장소)

(장교는 배치되는 장소는 어디든지 가야 한다.)

Wherever [No matter where] you are, we will never forget you.

(네가 어디에 있든지, 우리는 너를 잊지 않을 것이다.)

It rains whenever we go hiking.

It rains at any time (when) we go hiking.

(우리가 하이킹 갈 때마다 비가 온다.)

 다음 밑줄 친 부분을 복합관계부사로 고치시오.

1) We can have lunch <u>anywhere</u> you like.
2) <u>No matter how</u> hard you play, you can't win the game.
3) Everyone is welcome here, <u>no matter where</u> they come from.

6.2.3. 관계부사와 문장관계

❶ 문장전환

관계부사는 관계 대명사 또는 'to 부정사'와 상호 교체가 가능하다.

A good place at which you can stay is the guesthouse.

(관계부사) where you can stay, where to stay

(부정사) at which to stay, where to stay

(for you) to stay

(네가 머물 수 있는 좋은 장소는 여행자용 숙박소다.)

I know the way in which we can solve the problem.

(관계부사 생략) I know the way we can solve the problem.

I know the way that we can solve the problem.

(부정사) in which to solve, to solve, *how to solve

I know how to solve the problem.

(나는 그 문제를 푸는 방법을 안다.)

❷ 관계부사와 관계대명사의 전환관계

관계부사와 전치사 + 관계대명사는 다양한 전환관계가 이루어진다. 이 경우 의미는 같지만 공식성(formality)은 다소 차이가 있다. 예를 들어 'when'의 경우를 보자.

It [The day] was Thursday. She arrived on the day.

위의 문장을 결합하는 방법을 공식적(formal) 표현에서 일상적 표현(informal)의 순서로 나열하면 다음과 같다.

The day **on which** she arrived was Thursday.
(선행사 + 전치사 + 관계대명사)

The day **which** she arrived **on** was Thursday.
(선행사 + 관계대명사 + 후위전치사)

*The day **that** she arrived **on** was Thursday.
(선행사 + that + 후위전치사)

*The day she arrived **on** was Thursday.

(선행사 + 관계대명사생략 + 후위 전치사)

The day **when** she arrived was Thursday.

(선행사 + 관계부사)(일상적)

The day she arrived was Thursday. (선행사 + 관계부사생략)

The day **that** she arrived was Thursday.

(선행사 + that)

When she arrived was Thursday. (선행사 생략)

EXERCISE 다음 두 문장을 관계부사 또는 관계대명사를 이용하여 5가지 방법으로 결합하시오.

This is the office. I am working at the office.

Answer This is the office at which I am working.
This is the office which I am working at.
This is the office that I am working.
This is the office where I am working.
This is the office I am working at.

1 다음 문장의 밑줄 친 부분을 관계부사로 바꾸시오.

> **ex** We should learn the way in which we can improve our brain power.   정답: how

1) I am looking forward to the time at which I will take a vacation.

2) I don't know the date on which we have to hand in the essay.

3) This is the place at which we first met.

4) This is not the reason for which he left the company.

2 다음 두 문장을 관계부사 또는 관계대명사를 이용하여 5가지 방법으로 결합하시오.

> What's the time? She arrives at the time.

_____

_____

_____

_____

_____

07 가정법

7.1. 가정법과 조건법의 차이

　문장의 표현방식은 직설법과 가정법 두 가지로 나눈다. 여기서 법이란 말하는 방식 또는 태도(attitude)를 말한다. 따라서 직설법은 사실대로 말하는 방식이고, 가정법은 사실이 아닌 내용을 가정해서 말하는 방식이다; 즉, 1) 사실과 반대되는 내용, 2) 매우 불확실하거나, 가능성이 없는 내용, 3) 실제 발생하지 않은 사건은 모두 가정법으로 나타낸다.

　직설법의 조건절과 가정법은 둘 다 'if'를 이용하지만 동사의 형태가 차이가 난다. 따라서 이 두 가지를 이해하려면 우선 각자의 의미와 형태의 차이를 알아야 한다. 조건절과 가정법의 차이를 간단히 살펴보자.

❶ 형태

(1) 조건법

현재 또는 미래에 실제 일어나거나 발생 가능한 일을 나타낸다. 말하는 사람도 'if' 조건절 속의 사건이 충분히 발생 가능하다고 본다.

If you touch me, I'll scream.

(손을 댈 수 있는 것으로 가정한다.)

(네가 나에게 손을 대면 소리칠 것이다.)

If they left at nine, they will be home by midnight.

(떠났을 가능성이 있다.)

(그들이 9시에 떠났다면, 자정에 집에 도착할 것이다.)

(2) 가정법

말하는 사람은 'if' 조건절 속의 사건이 불가능하다고 본다. 이 경우 현재일 경우 'if' 조건절에 동사의 과거형을 쓰고, 주절에 조동사의 과거형을 쓴다

If you touched me, I would scream.

(손을 대지 않을 것으로 가정한다.)

(네가 혹시 나에게 손을 대면, 소리칠 것이다.)

과거일 경우 'if' 절에 과거완료형을 쓰고, 주절은 '조동사의 과거 + have + 과거분사' 형을 쓴다.

If they had left at nine, they would already have arrived here. (9시에 출발안함)

(9시에 떠났더라면, 그들은 이미 여기에 도착했을 텐데.)

다음 문장을 'if'를 사용하여 가정법과 조건법 문장으로 만드시오.

Mr. Kim leaves at 10:00. He may arrive on time.

(김씨가 10시에 떠나면 제시간에 도착할 수 있다.)
time.
2) (조건법) If Mr. Kim leaves at 10:00, he might [may] arrive on
(김씨가 10시에 떠나면 제시간에 도착한다.)
1) (가정법) If Mr. Kim left at 10:00, he might arrive on time.
Answer

---

❶ 가정법은 시제에 따라 조건절과 주절의 형태를 다음 네 가지로 분류한다.

시제/형태	'If' 조건절	주절
미래	should + 동사원형	조동사의 과거 / 현재형
현재	동사원형	조동사의 현재
과거	동사의 과거 / were	조동사의 과거 + 동사원형
과거완료	had + 과거완료	조동사의 과거 + have + 과거완료

(주절에 사용되는 조동사의 과거형, 'would[미래], should[미래, 당연], could[가능], might[추측]'는 문장의 의미에 맞게 사용한다.)

(1) 가정법 미래

미래의 매우 불확실하거나 불가능한 사실을 나타내며, 형태는 다음과 같다; 조건절 속에 'should'를 사용하며, 주절의 조동사는 의미에 따라 다양하게 사용한다.

If + 주어 + should + 원형동사, 주어 + <u>조동사</u> + 원형동사
('will', 또는 조동사의 과거형)

If I <u>should</u> be a billionaire, I <u>will</u> [would. could] donate a
주어의지['will'의 공손형]

lot of money.

(내가 억만장자라면, 나는 많은 돈을 기부할 것이다.)

미래의 전혀 불가능한 가정을 할 경우에는 'should' 대신 'were to'를 사용하며, 주절은 조동사의 과거형을 쓴다.

If the sun <u>were to</u> disappear tomorrow, all living things <u>would</u> die.

(태양이 내일 사라진다면, 모든 생물은 죽을 것이다.)

접속사 'if'를 생략하면 주어 뒤의 조동사 또는 'be' 동사를 문두로 이동한다.

⇒ Were the sun to disappear tomorrow, all living things would die.

If the island should be picked as a landfill, another issue is how city officials should soothe its residents.

⇒ Should the island be picked as a landfill, another issue is how city officials should soothe its residents.

(만일 그 섬이 쓰레기 매립지로 선정된다면, 또 다른 문제는 시청 직원들이 주민들을 진정시키는 방법을 찾는 문제이다.)

(2) 가정법 현재

현재 또는 가까운 미래의 불확실한 사실이나 생각을 나타낸다. 오늘날에는 조건법 현재를 사용한다. 조건절은 'if + 동사원형', 주절은 의미에 맞게 현재 또는 미래시제'를 쓴다.

If he be healthy, he will [can] be employed. (가정법 현재)

⇒ If he is healthy, he will [can] be employed. (조건법 현재)

(그가 건강하다면, 그는 고용될 것이다.)

If it rain tomorrow, I will stay at home. (가정법)

⇒ If it rains tomorrow, I will stay at home. (조건법)

(내일 비가 오면, 나는 집에 머물 것이다.)

(3) 가정법 과거

가까운 미래 또는 현재 사실과 반대되는 것을 나타낼 때 사용한다. 조건절에는 '동사의 과거형', 주절에는 '조동사의 과거 + 동사원형'을 사용한다.

먼저 현재와 반대되는 경우를 보자.

If you were rich, you could help poor people. (가정법)

(말하는 사람은 'you'가 부자가 아니라고 생각한다.)

(네가 부자라면 너는 가난한 사람들을 도울 수 있을 텐데.)

⇒ You are not rich, so you can't help poor people.

(너는 부자가 아니기 때문에, 가난한 사람들을 도울 수 없다.)

말하는 사람이 'you'가 부자인지 아닌지 모를 때.

If you are rich, you can/could help poor people. (조건절)

(네가 부자라면, 가난한 사람을 도울 수도 있다.)

⇒ You may be rich, so you can/could help poor people.

(네가 부자면, 가난한 사람들 도울 수도 있어.)

If you really loved me, you'd buy everything I want.

(I assume you don't love me.)

(네가 정말로 나를 사랑한다면, 내가 원하는 모든 것을 사줄 텐데.)

If it snowed tomorrow, the match would have to be cancelled.

(I don't expect it will snow tomorrow.)

(가정법; 혹시 내일 눈이 온다면, 그 시합은 연기해야 할 것이다.)

If it snows tomorrow, the match will have to be cancelled.

(조건법; 내일 눈이 오면 그 시합은 연기해야 할 것이다.)

(4) 가정법 과거완료

과거 사실과 반대되는 상황을 가정할 때 사용한다. 조건절에는
'had + 과거분사', 주절에는 '조동사의 과거 + have + 과거분사'를 쓴
다.

> If you had love me, I might have married you.
> (Because you didn't love me, I didn't marry you.)
> (당신이 나를 사랑했더라면, 나는 당신과 결혼했을지 모른다.)w

❷ 조건절의 대용 표현

(1) 조건절에서 'if' 대신 의미에 따라 'in case, in the event
(that)' (-할 경우에는), 또는 'providing(that), provided
(that)'(-한다는 조건으로, -한다면)으로 대체할 수 있다.

> If it rains tomorrow , we'll have to call off the parade.
> (In case, In the event [that])
> (내일 비가 올 경우에는, 퍼레이드를 연기해야 할 것이다.)
> She will graduate in June if she passes this qualifying
> provided(that), providing(that)
> examination.
> (그녀가 자격시험에 합격할 경우에는 [합격한다는 조건으로] 6월에 졸
> 업할 것이다.)

(2) 가정법에서 'if'절은 다음과 같이 표현방식을 바꿀 수 있다.

① 가정법 과거

If there were no metal railings, we could/might fall down the stairs.

(철제난간이 없으면, 우리는 계단 아래로 떨어질지 모른다.)

⇒ If it were not for metal railings, ... (관용구 대체)

⇒ Were it not for metal railings, ...

('if' 생략 후 'be'동사를 문두로)

⇒ But for [Except for, Without] the metal railing, ...

(전치사구 대체; 주절시제에 관계없이 대체 가능)

② 가정법 과거완료

If you hadn't helped me, I couldn't have done it.

(네가 나를 도와 주지 않았다면 나는 그것을 할 수 없었을 것이다.)

⇒ If there hadn't been your help, ... ('there' 구문)

⇒ If it had not been for your help, ... (관용구 대체)

⇒ Had it not been for your help, ... ('if' 생략후 조동사를 문두로)

⇒ But for [Except for, Without] your help, ... (전치사구 대체)

(3) 'if' 생략

가정법에서 'if'를 생략하고 조동사 또는 'be'동사를 문두에 둘 수 있다. 그러나 이 용법은 문어체(literary style)에 사용하며, 구어체에서는 거의 사용하지 않는다.

Should you change your plans, please let me know. [If you should...]

(혹시 계획을 변경하면, 나에게 알려 주시오.)

Were she alive today, she would be happy to hear the news. [If she were...]

(그녀가 오늘 살아있다면, 그녀는 그 소식을 듣고 기뻐할 것이다.)

Had I known the news, I would have sought for other jobs. [If I had ...]

(내가 그 소식을 알았더라면, 나는 다른 직업을 찾았을 것이다.)

Even had the door been open, he wouldn't have entered. [Even if the door had been opened,...)

(문이 열려 있었다 할지라도 그는 들어오지 않았을 것이다.)

 EXERCISE 다음 괄호 속에 들어갈 적당한 말을 고르시오.

1) If I (knew, had known) how difficult the job was, I wouldn't have taken it.
2) If the North Sea (freeze, froze) in winter, we could walk from London to Oslo.
3) (Was, Were) I not in my seventies and rather unfit, I might travel all over the world.

Answer 1) had known 2) froze 3) Were

'If' 가정법 이외에도 종속절의 내용이 사실(fact)이 아니거나, 실제 발생하지 않은 내용일 때 가정법의 형태를 지니는 문장이 있다. 이 경우도 현재사실을 가정하면 과거형으로, 과거를 가정하면 과거완료를 쓴다.

❶ It's time + (that) 주어 + 과거/과거분사; −할 시간이다

It's time you were in bed (...but you're not). [It's time for you to be in bed.]

(네가 잠을 자야 할 시간이다.)

It's time you had been in bed (but you weren't).

(네가 이미 자고 있어야 할 시간이다.)

❷ Suppose/Imagine (that) + 주어 + 과거/과거분사; −라 가정하자

Suppose/Imagine you and I were to find ourselves on a desert island.

(but I assume we won't).

(당신과 내가 무인도에 있다고 가정하자.)

❸ If only + 주어 + 과거/과거분사; 좋(았)을 텐데

If only I had studied hard in middle school (but I didn't).

(중학교 때 더 열심히 공부했으면 좋았을 텐데.)

⇒I wish that I had studied hard in middle school.

❹ I'd rather; ─하기를 바랐는데.

I'd rather you listened to me (but you don't).

(나는 네가 내 말을 듣기를 바랐는데.)

❺ 'As if'(─인 것처럼)와 'wish'는 종속절에 가정법 과거형을 사용하면 주절동사의 시제와 일치하고, 가정법 과거완료형을 사용하면 주절의 시제보다 앞선 시제를 나타낸다.

a. as if, as though

He talks as if he knew everything (... but he doesn't).

(그는 모든 것을 아는 것처럼 말한다.)

He talked as if he knew everything (... but he didn't).

(그는 모든 것을 아는 것처럼 말했다.)

He talks as if he had met the President (... but he didn't).

(그는 대통령을 만났던 것처럼 말한다.)

b. I wish

I wish (that) I had a better job (but I don't).

⟹ I am sorry that I don't have a better job.

I hope that I get/will get a better job.

(나는 더 좋은 직업을 가지기를 바란다.)

I wished all people were happy (but they weren't).

⟹ I was sorry (that) all people weren't happy.

(나는 모든 사람들이 행복하기를 바랐는데.)

I wished I had studied hard in middle school.

⇒ I was sorry (that) I hadn't study hard in middle school.

(나는 중학교 때 열심히 공부하지 않은 것을 후회했다.)

❻ 종속절에 가정법을 사용하는 동사와 형용사

일반적으로 종속절의 시제는 주절 동사의 시제를 기준으로 한다. 예를 들어 다음 문장을 보자.

He <u>said</u> that she came [*come] late to class this morning.

(그는 그녀가 오늘 아침 수업에 지각했다고 말했다.)

위의 문장에서 주절 동사가 과거이므로 종속절의 동사도 과거를 사용하고 있다.

그러나 다음과 같은 문장의 경우는 주절 동사의 시제에 관계없이, 종속절에 '(should) + 동사원형'(미국식은 동사원형, 영국식은 should + 동사원형)으로 표현한다. 왜냐하면 이 경우 종속절의 사건은 실제 발생한 것이 아니라 명제(proposition), 즉 문장내용 자체를 지칭하기 때문이다.

❶ 제안, 요구, 주장, 명령을 나타내는 동사;

주절 동사 suggest, propose, ask, advise, recommend, insist, urge, demand, require, order, decide 등에 수반되는 'that'절은 사실(fact)이면 직설법을 사용하고, 미래의 행위를 나타낼 경우에는 '(should +)동사원형'을 사용한다.

He suggested [insisted] that all of us (should) come to the meeting. (가정법)

(그는 우리 모두가 모임에 올 것을 제안하였다 [주장하였다].)

He insisted that <u>he met her yesterday</u>. (직설법)
　　　　　　　　　(실제 사실이다.)

(그는 어제 그는 그녀를 만났다고 주장하였다.)

❷ 충고, 필요, 당연의 형용사;

advisable, necessary, natural, crucial, desirable, essential, important, mandatory, urgent 등의 뒤에 수반되는 'that'절도 실제 발생한 사건이 아니므로 '(should +)동사원형'을 사용한다.

It was necessary[advisable, essential] that <u>he (should) respect her decision</u>.
('존중해야 한다'는 명제를 나타내며 실제 존중했는지는 알 수 없음.)

(그가 그녀의 결정을 존중하는 것이 필요하였다[권할 만하였다, 필수적이었다].)

It was necessary [natural] that <u>he respected her decision</u>. (사실인 경우)

(그가 그녀의 결정을 존중한 것은 필요했다[당연했다].)

1) have

I hope I ( ) an ice coffee right now.

I wish I ( ) an ice coffee right now.

2) be

If only I ( ) not so forgetful.

He's acting as if he ( ) a president.

He's acting as if he ( ) sick. (He probably is sick.)

Answer 1) have, had 2) were, were, is

1 다음에서 문장의 의미에 맞는 접속사에 밑줄을 치시오.

ex I can't help you (<u>if</u>, unless) you won't tell me what's wrong.

1) His ankle is going to swell (if, unless) you don't put ice on it.

2) You'll never finish it today (if, unless) you don't hurry up.

3) The disease will spread quickly (if, unless) you isolate these patients.

4) Use the side door (if, unless) the front door is locked.

5) Don't take your coat and gloves (if, unless) it's cold.

2 다음 주어진 문장을 'wish'를 사용하여 바꾸어 쓰시오.

ex I don't have enough money to buy a car.
⇒ I wish that I had enough money to buy a car.

1) I want to be at the beach.

2) I want to live on a farm.

3) I don't want to go to work every day.

4) I want to get a promotion this year.

3 다음 주어진 문장의 밑줄 친 부분을 보기와 같이 절로 바꾸시오.

ex Mr. Kim made us stay for dinner.
⇒ Mr. Kim insisted (that) we stay for dinner.

1) Airline passengers ought to check in 30 minutes before their flight.

The Airline suggests _____.

2) According to the guide, tourists should avoid that area.

The guide recommends _____.

3) I want you to be on time this evening.

I urge _____.

4) He wants us not to create a new project.

He has asked _____.

5) You should not go out alone at night.

It's better that _____.

4 다음 문장을 'if'를 사용하여 가정법 문장으로 만드시오.

ex Mr. Kim is leaving early today. He's got a doctor's appointment.
⇒ If Mr. Kim didn't have a doctor's appointment, he wouldn't be leaving early.

1) Sumi is buying so many new clothes. She has a new job.

_____

2) Lt Kim is wearing his dress uniform. He has a meeting with General Lee.

_____

3) Insu isn't on the soccer team. He isn't fast enough.

_____

5 다음 문장에서 사용된 'if'의 의미에 맞게 'in case, in the event (that)' 또는 'providing (that), provided (that)'을 대체하시오. 'if'는 단순한 조건의 의미가 있는 반면, 후자는 구체적인 전제조건의 의미가 강하게 포함되어 있다.

ex What should we do **if** it rains tomorrow?
⇒ What should we do in case [in the event (that)] it rains tomorrow?

1) You can go out to lunch **if** you're back by 1:00.

_____

2) Just let me know **if** I can help you.

_____

3) **If** there are enough audience chairs, you can watch the movie with us.

_____

4) We can go out to dinner after we shop **if** we have any money left.

_____

5) If cabin pressure doesn't provide pressure for the air craft cabin, the oxygen masks will come down from the overhead compartment.

_____

6 보기와 같이 밑줄 친 대화문을 주절이 포함된 조건절로 고쳐 쓰시오.

> **ex** Sumi: Can I open an account?
> Clerk: If you have an ID.
> ⇒ Sumi can open an account if she has an ID.
> If she has an ID, Sumi can open an account.

1) Insu: Will Kisu be able to pass the test?

Minsu: If he studies hard.

_____

2) Insu: Is Kisu going to come to work today?

Minsu: Not if he's sick.

_____

3) Insu: Do you want to take the boat?

Minsu: If the water's calm.

_____

8.1. 화법

8.1.1. 화법의 종류와 형태

말을 전달하는 방법을 화법이라 하며, 여기에는 두 가지 방식 있다.
말하는 사람의 언어표현을 그대로 전달하는 직접화법(direct speech)과
전달자의 입장에서 바꾸어 표현하는 간접화법(indirect speech, reported
speech)이 있다. 간접화법의 경우에는 여러 가지 성분이 일치해야 하므
로 유의해야 한다.

예를 들어 다음 문장을 보자.

Student: I enjoy rowing a boat in the sea.
(학생; 나는 바다에서 보트타기를 좋아한다.)

위의 문장을 직접화법으로 표현하면 다음과 같다.
The student said, "I enjoy rowing a boat in the sea." (미국식)
The students said, "I enjoy rowing a boat in the sea". (영국식)

"I enjoy rowing a boat in the sea," the student said. [said the student.]

위의 문장에서 보는 바와 같이 직접화법은 본동사 'say' 다음에 콤마(,)를 친 다음 이중 따옴표 안에 전달문을 그대로 적는다. 그리고 문장 마지막에서 마침표를 인용부호 안에 표시하면 미국식(American style), 문장 뒤에 표시하면 영국식(British style)이다.

위의 표현을 간접화법으로 나타내면 다음과 같다.

The student said that he enjoyed rowing a boat in the sea.

직접화법을 간접화법으로 바꿀 때는 본동사의 시제 또는 전달시점의 시제를 기준으로 전달문의 시제도 바꾸어야 한다. 문법 용어로 시제 역전환(backshifting)이라고도 한다.

즉, 전달자의 입장에서 본동사, 전달문의 주어, 시제, 부사구 등을 본동사와 전달 시점에 맞게 바꾸어야 한다. 직접화법에서 간접화법으로 전환시 고려해야 할 사항을 구체적으로 살펴보면 다음과 같다.

❶ 전달문의 인칭과 시제

분류	전달문	간접화법
주어/목적어	1인칭 (I)	주절 주어와 일치
	2인칭 (you)	주절의 청자와 일치
	3인칭	인칭변화 없음
시제 (본동사가 과거일 경우)	현재	과거
	현재진행	과거진행
	과거	과거완료
	현재완료	과거완료

다음 예문을 보자.

She said, "I am studying [have studied, studied]."

(그녀는 "나는 공부하고 있다 [지금까지 공부하였다, 공부했다]."고 말했다.)

She said that she was studying [had studied, had studied].

　　　　　　주어일치　　과거시제

She said to her son, "you look tired."

(그녀는 아들에게 "너 피곤해 보이는구나."라고 말했다.)

She told her son that he looked tired.

She said, "he studied at the library."

(그녀는 "그가 도서관에서 공부했다."고 말했다.)

She said that he had studied at the library.

❷ 전달문의 본동사와 접속사

여기서는 가장 널리 사용되는 'say'의 변화에 대해서만 살펴보기로 한다.

구분	직접화법	간접화법	접속어
평서문	say	say	(that)
	say to	tell	(that)
의문문	say	ask (묻다), wonder, want to know	if, whether (or not)
	say to	ask, inquire of	
명령문	say to	tell, ask (요구하다), order, beg, command, advise	'to' 부정사
감탄문	say	cry (out), exclaim, shout	

'say'이외의 동사는 전달내용과 의미에 맞게 다양하게 사용한다.

  a. 평서문

  He said, "I am enjoying my work." (직접화법)

  (그는 "나는 내 일을 즐기고 있다."고 말했습니다.)

  ⇒ He said that he was enjoying his work. (간접화법)

  He said to me, "I am enjoying my work."

  ⇒ He told me that he was enjoying his work.

  b. 의문문

  He said to me, "Do you enjoy your work?"

  ⇒ He asked me [inquired of me] if I enjoyed my work.

  She said to me, "When will you go hiking with me?"

  ⇒ She asked me when I would go hiking with her.

    (간법화법의 종속절은 반드시 '주어 + 동사'의 어순을 가진다.)

  c. 명령문; 의미에 따라 다양한 동사를 사용할 수 있다.

  Our teacher said, "Pay attention."

  ⇒ He said that we should pay attention. (3형식)

  ⇒ He told us to pay attention. (4형식)

    (그는 우리에게 주의를 기울이라고 말했다.)

He <u>said to</u> me, "Enjoy your work."

⇒ He <u>told</u> [<u>asked, advised</u>] me to enjoy my work.

"Have another apple," he said [suggested] to me.

("사과 하나 더 먹어라." 하고 그는 나에게 권했다.)

⇒ 'to'부정사로 전환

He asked me to have another apple.

⇒ 'that'절로 전환

He suggested that I (should) have another apple.

d. 감탄문

They <u>said</u>, "<u>Hurrah</u>, We have no class tomorrow."

⇒ They <u>shouted (with joy)</u> that they had no class the next day.

(감탄사는 본동사에 포함되거나 적절한 부사구로 전환한다.)

❸ 부사(구)의 변화

분류	직접화법	간접화법
지시어	this(these), here	that(those), there
시간의 부사(구)	now, ago	then, before, previously
	today	that day
	yesterday	the day before, the previous day
	tomorrow	the next day, the day after

(단, 같은 장소, 같은 시간이면 부사구는 변하지 않을 수도 있다.)

My wife <u>said to</u> me, "Please borrow <u>this book</u> <u>today</u>."

(나의 아내는 나에게 "오늘 이 책을 빌려오라."고 말했다.

My wife <u>asked</u> me to borrow <u>that book</u> <u>that day</u> [같은 날이면 'today'].

She said, "I went hiking <u>yesterday</u>."

(그녀는 "나는 어제 하이킹 갔다."고 말했다.)

She said that she went hiking <u>the previous day</u> [같은 날이면 'yesterday'].

 다음 문장을 간접화법으로 고치시오.

1) He says to the students, "you should make a list of questions."

2) Many students says, "What should we wear to the party?"

8.1.2. 화법의 용법

직접화법과 간접화법의 기능은 다소 차이가 있다.

❶ 직접화법은 상대방이 나타낸 말을 정확히 전달하기 위한 목적이다.
I thought to myself "Should I wait until my boss's in a better mood?"
(나는 혼자서 "내 상관이 기분이 좋을 때까지 기다려야 하는가?"하고 생각했다.)

I asked myself whether I should wait until my boss were in a better mood.

❷ 생생한 극적효과(dramatic effect)를 나타내기 위해서는 직접화법을 사용한다.
He said, "I will wear the blue jeans to the interview."

(보다 생생함)

(그는 "나는 인터뷰에 그 청바지를 입을 것이다."라고 말했다.)
He said that he would wear the blue jeans to the interview.

❸ 간접화법은 풀어서 표현(paraphrase)하거나, 요약(summary)이 될 수 있으므로 때로 원래의 표현(original speech)과 형태가 다를 수도 있다.

(직접화법)

Minsu said to me after the meeting, "In my opinion, the arguments in favor of radical changes in the regulations are not convincing."

(민수는 회의가 끝난 다음에 나에게 "내 생각에는 규정을 급격히 변화하려는 주장은 설득력이 없다."고 말했다.)

위의 표현은 다음 세 가지의 간접화법으로 표현할 수 있다.
  a. 표현내용을 형식만 바꾸어 그대로 전달하기

  Minsu told me after the meeting that in his opinion the arguments in favor of radical changes in the regulations were not convincing.

  (민수는 회의가 끝난 다음에 그의 생각에는 규정을 급격히 변화하려는 주장은 설득력이 없다고 나에게 말했다.)

  b. 내용을 요약하여 간략히 전달하기

  Minsu told me after the meeting that he remained opposed to any radical changes in the regulations.

  (민수는 회의가 끝난 다음에 규정을 급격히 바꾸는 데에 대하여 반대한다고 나에게 말했다.)

  c. 전달자의 시각으로 완전히 바꾸어 표현하기

  I saw Minsu after the meeting. It's pity that he remained opposed to any radical changes in the regulations.

(나는 회의 뒤에 민수를 만났다. 그가 규정의 급격한 변화에 반대하는 것은 유감이다.)

 주어진 말로 시작하여 다음 글을 간접화법으로 고치시오.

---

1) He said, "I didn't mean to upset her."
   He said that _____.
2) He said, "I was surprised that my father was so pleased."
   He didn't expect _____.
3) She said, "I won't be late again."
   She promised that _____.

Answer 1) he hadn't meant to upset her 2) his father would be so pleased 또는 his father to be so pleased 3) she wouldn't be late

---

8.2. 일치 (Agreement)

문장 속의 모든 성분이 성(sex), 수(number), 시제(tense)가 문법에 맞는 것을 일치라고 한다. 간단히 표현하면 모든 문법에 대한 설명은 일치관계에 대한 설명이라고 볼 수 있다.

8.2.1. 주어와 동사의 일치

주어와 동사의 일치관계는 다음 몇 가지로 분류해서 생각할 수 있다.

    a. 주어의 수에 따라 동사 이하의 주어와 연관된 모든 성분의 성과 수도 일치해야 한다.

A student was reading his [her]w book.
단수 단수 단수   단수   단수

(학생이 자기 책을 읽고 있다.)

Many students were reading their books.
복수   복수   복수   복수   복수

(많은 학생들이 자기 책을 읽고 있다.)

    b. 'There' 구문은 동사 뒤의 명사의 수와 일치한다.

There is a book on the desk. (책상 위에 책이 있다.)
    단수   단수

There are some books on the desk.
    복수   복수

(책상 위에 몇 권의 책이 있다.)

    단, 동사 뒤에 두 개 이상의 명사가 'and'로 연결되면 복수로 처리된다.

There are a book and a pen on the desk.
    복수   복수

There is a book or a pen on the desk.
    단수   단수   단수

c. 비한정 대명사 또는 비한정 형용사가 포함된 주어는 단수로 처리된다.

one, either, neither, every, each, somebody, someone, everybody, everyone, no one ('none'은 복수로 처리된다).

One [Each] of the students in my class has a cell phone.

(우리 반의 학생들 각자는 휴대폰을 가지고 있다.)

Every officer and every seaman was at the hall.

(모든 장교와 수병이 집회장에 있다.)

Each coach and each player knows this swimming rule.

(모든 코치와 선수는 이 수영 규칙을 안다.)

d. 주어가 'or' 또는 'nor'로 연결되면 동사는 뒤의 명사의 수에 일치한다.

You or the girl has to complete the task.

(너 또는 그 소녀가 그 일을 끝마쳐야 한다.)

Either you or the girl has to complete the task.

Either you or the girls have to complete the task.

e. 두 개의 주어가 동일한 대상일 때는 단수로 처리된다. 이 경우 두 번째 명사구에 관사를 사용하지 않는다.

Her brother and president of the company was at the conference.

(그녀의 동생이자 그 회사의 회장이 회의에 참석해 있다.)

Her brother and the president of the company were at the conference.

(그녀의 동생과 그 회사의 회장이 그 회의에 참석해 있다.)

f. 두 개의 주어가 밀접한 관계로 연결될 때 단수로 처리된다.

Chicken and rice is my favorite dinner.

(치킨라이스가 내가 좋아하는 저녁식사다.)

g. 비한정적 대명사(indefinite quantifier; any, some, all 등)는 'of' 뒤의 명사의 수에 일치한다.

Are any of the students from Indonesia?

(인도네시아 출신 학생있니?)

Is any of the coffee from Columbia?

(콜롬비아산 커피도 있니?)

All of the water in here has a lot of minerals.

(이 속의 물은 모두 무기물이 많다.)

All of the books in here have interesting stories.

(여기에 있는 모든 책은 재미있는 이야기를 담고 있다.)

h. 복수형으로 된 의복, 신발, 기구는 복수명사로 처리된다;

The clothes [the pants, the jeans] are in the drier.

(그 옷 [그 바지, 그 청바지]는 건조기에 있다.)

These scissors cut very well. (이 가위는 매우 잘 든다.)

cf. 학문이나 뉴스는 복수형이지만 단수로 처리한다.

The news about more jobs in Korea is good.

(한국에서 직업이 더 많아졌다는 소식은 좋다.)

<u>Mathematics [Physics] is</u> not difficult.

(수학 [물리]은 어렵지 않다.)

i. 단수와 복수형이 같은 명사는 의미에 따라 결정된다.

The small fish is in the glass fishbowl.

(작은 고기 한 마리가 유리어항에 있다.)

The small fish are in the glass fishbowl.

(몇 마리 작은 고기가 유리어항에 있다.)

j. 명령문의 주어는 'you' 임을 명심해야 한다.

In order to take advantage of low air fares, buy your [*our] tickets well in advance.

(저가 항공권을 이용하기 위해서는 훨씬 전에 표를 사시오.)

 다음 문장에서 적당한 동사형을 고르시오.

---

1) The ambassador, with his family and staff, (invites, invite) us to a reception at the embassy.

2) An application, accompanied by 10 dollars, (needs, need) to be emailed to the admission office.

Answer 1) invites   2) needs

8.2.2. 문장성분의 일치

문장 성분 간의 일치관계는 다음 몇 가지로 요약할 수 있다.

a. 공통 지시 관계를 나타내는 대명사는 명사의 성, 수에 일치해
   야 한다.

   It is easier to talk about a problem than to resolve it.

   (문제를 해결하기보다 문제에 대하여 이야기하는 것은 훨씬 더 쉽다.)

   Wine tend to lose its flavor when it has not been prop-
   erly sealed.

   (포도주는 잘 봉합하지 않으면 맛이 없어진다.)

b. 대명사 'one'은 'one' 또는 'he'로 받을 수 있다.

   If one does not work hard, one [he] cannot expect to
   succeed.

   (열심히 노력하지 않으면 성공하기를 기대할 수 없다.)

   One cannot live without water because almost 65
   percent of one's [his] body is water.

   (사람의 몸의 약 65%가 물이므로 물 없이는 살 수 없다.)

c. 문장 기능이 같으면 형태도 같아야 한다.

   *The woman is young, enthusiastic, and has talent.

   ⇒ The woman is young, enthusiastic, and talented.

   (그 여자는 젊고, 열정적이며, 재능이 있다.)

*Professor Kim enjoys teaching and to write.

⇒ Professor Kim enjoys <u>teaching</u> and <u>writing</u>.

(김교수는 가르치고 글쓰기를 좋아한다.)

*She is not only famous in Korea, but also abroad.

⇒ She is famous not only <u>in Korea</u>, but also <u>abroad</u>.

(그녀는 한국에서뿐만 아니라 외국에서도 유명하다.)

d. 주어에 연관된 수식어구는 본동사에 영향을 미치지 않는다.

<u>Sunny</u>, together with her friends, <u>is</u> going to Turkey.

(서니는 그녀의 친구들과 함께 터키에 갈 예정이다.)

<u>A nut</u>, in addition to a bolt, <u>is</u> needed to hold this flat tire in place.

(숫나사뿐만 아니라 암나사도 이 펑크난 타이어를 고정하기 위해서 필요하다.)

e. 'The reason'은 보어로 'that'절을 수반한다.

The reason she moved to the South is that [*because] she enjoys a warm and clean weather.

(그녀가 남부로 이사한 이유는 그녀가 따뜻하고 깨끗한 날씨를 좋아하기 때문이다.)

The reason I go to the temple every week is that I want to enjoy my life.

(내가 매주 절에 가는 이유는 내 인생을 즐기고 싶기 때문이다.)

f. 종속절은 항상 주어 동사의 어순을 가진다.

I understood what he said.

*I understood what did he say.

(나는 그가 한 말을 이해했다.)

 다음에서 틀린 부분을 고치시오.

1) Do you know how much do they cost?
2) I wonder when is her birthday.
3) We can leave when you will be ready.
4) We don't know when he shows up.
5) You will feel a lot better when you stop to smoke.

Answer 1) how much they cost 2) when her birthday is
3) when you are ready 4) when he will show up
5) stop smoking

1 다음 문장을 간접화법(indirect/reported speech)으로 전환하시오.

ex Sumi said, "I'm going home soon."
⇒ Sumi said that she was going home soon.

1) The salesman said, "Our jackets are sold all over the country."

_____

2) The president of the company reported, "We will increase

sales by more than 30 percent.

_____

3) The employee asked, "When do we have another holiday?"

_____

2 다음 표현을 간접화법으로 고치세요. 단, 부사구는 고치지 말 것.

ex Smith: Lewis, lock the door.
⇒ Smith told [asked] Lewis to lock the door.

1) Ms. Fry: Ken, please make some coffee.

_____

2) Mom: Tom, clean up your room right now.

_____

3) Mom: Mike, don't be late tonight.

_____

3 다음 질문에 대해 보기와 같이 간접화법(reported speech)을 사용하여
  답하시오.

> **ex** Jim: When did you visit your mother?
>   What did Jim ask you?
>   정답: He asked me <u>when I had visited my mother</u>.

1) Nina: I spent over 300 dollars at the tax-free shop.

   What did she say?

   She said _____.

2) Nina: Did she visit Paris while she was in Europe?

   What did Nina ask you?

   She asked (me) _____.

3) Sam: How long did they drive on their trip?

   What did he ask you?

   He asked (me) _____.

4) Tom: I didn't eat lunch today.

   What did he tell them?

   He told them _____.

5) Mike: I worked out at the gym for two hours yesterday.

   What did Mike say?

   He said _____.

4 보기와 같이 문장에 적합한 동사에 밑줄을 치시오.

ex The books, a Japanese novel and a physics text, (was, were) on the shelf.

1) Three marathoners from my country, Kisu, Minsu, and Insu, (is, are) in competition for medals.

2) The two pets, a dog and a cat, (need, needs) to be taken care of while we are gone.

3) The national university, the largest of the state-supported schools, (has, have) more than 30,000 students.

4) This recipe, an old family secret, (is, are) not opened to the public.

5) The guest of honor, along with his wife and two kids, (was, were) seated at the front table.

5 보기와 같이 주어의 수와 일치하는 동사에 밑줄을 치시오.

ex His knowledge of languages (aid, aids) in his work.

1) The facilities at the new research library (is, are) among the best in the country.

2) All trade between the two countries (has, have) been suspended pending negotiation of the new agreement.

3) The production of different kinds of artificial materials (is, are) essential to the conservation of our natural resources.

4) The shipment of supplies of our chemical experiments (was, were) delayed.

5) Neither the clerk nor the women in the store (know, knows) where I got the special sunglasses.

6) The news in today's newspaper (seem, seems) very funny.

7) The deer in the national parks (enjoy, enjoys) their surroundings.

ANSWER

PART 1 단어

01 | 철자

1 1) w 2) b 3) s

2 1) see 2) lover 3) help

3 1) extra 2) hand 3) Sure

4 1) raise 2) quickly 3) remove

5 1) you 2) Yes 3) No 4) give me
5) let me 6) want to

02 | 발음

1 1) /dézərt/, /diz'əːrt/
2) /wind/, /waind/
3) /wuːnd], /waund/

2 1) plain, plane 2) threw, through
3) won, one

3. 1) to alternate /eit/, alternate plan? /it/
2) will graduate /eit/, college graduate
/it/
3) to appropriate /eit/, appropriate /it/

> **cf.** 주로 명사 또는 형용사로 사용되면

/it/, 동사로 사용되면 /eit/로 발음
한다.

4 1) hire 2) aloud 3) road
4) son 5) sale

5 gets /s/, brushes /iz/, washes /iz/,
eats /s/, hugs /z/, takes /s/, buses /iz/,
gets /s/, coworkers /z/, reads /z/,
checks /s/ messages /iz/, returns /z/,
calls /z/, likes /s/, colleagues /z/,
clients /s/, conducts /s/, meetings /z/,
focuses /iz/, tasks /s/, takes /s/

6 1) I **do** understand you. 2) It **is** hot.
3) I **have** been here.

> **cf.** 강조할 때는 항상 부정하는 부분과
> 대비되는 단어에 강세를 둔다.

03 | 단어

1 1) ship 2) food 3) drink

2 1) separate 2) rest 3) years
4) cloth 5) disease

3 1) modern 2) grab 3) at
4) full 5) caught

4 1) Auxiliary   2) diseased   3) core
   4) station   5) filed

04 │ 품사

1 1) a. 그 우물은 깊이가 30m이다. (명사)
   b. 우리 가족은 모두 잘 지내고 있다. (형
     용사)
   c. 그래, 이제 뭘 할까? (감탄사)
   d. 그는 항상 시험을 잘 친다. (부사)
 2) a. 우리는 타인에게 첫인상을 좋게 주기
     위해 노력해야 한다. (형용사)
   b. 선과 악을 구별하기는 어렵다. (명사)
   c. 그래, 이제 결론이 났어. (감탄사)
   d. 넌 그 일을 정말 잘 했다. (부사)
 3) a. 그는 바람처럼 사라졌다. (전치사)
   b. 우리는 축구를 좋아한다. (동사)
   c. 다시는 그와 같은 사람은 없을 것이
     다. (명사)
   d. 그는 어쩐지 언짢아 보였다.
     (부사, somehow)
   e. 그 비행기가 충돌할 것처럼 보였다.
     (접속사, as if)
   f. 나는 비슷한 예를 찾을 수 없다.
     (형용사, similar)

2 1) operation   2) confusion   3) safety
   4) dismissal   5) withdrawals

01 │ 문장

1 1) b   2) c   3) f   4) d   5) a
   6) h   7) g   8) e
2 1) patience to work with children
   2) not passing the test
   3) sits in the window in winter.
   4) studies hard every night.
   5) play soccer in the ground once a
      week.
3 1) She will go to Turkey by plane this
      morning.
   2) The class answered the questions
      on the CD correctly today.
   3) The teacher compliments his stu-
      dents in class every day.
4 1) The young girl wore a blue jacket.
   2) The old man lives in a little apart-
      ment.
   3) The bored children are watching a
      long soap opera.
5 1) e   2) g   3) d   4) a   5) b
   6) h   7) f   8) c
6 1) Why not go to a movie?
   2) Why not enlist in the Navy?
   3) Why not meet in the parking lot?
7 1) The food at the restaurant was de-
      licious, but not expensive.
   2) The weather was cold, but not
      freezing.

3) He speaks fast, but not clearly.
8 1) my father will get better soon.
2) to get a job this year
3) I am tired, too.
4) It is nine thirty.

02 │ 문장의 구조와 성분

1 1) good, 형용사, 보어
2) cautiously, 부사, 수식어
3) lucky, 형용사, 보어
2 1) fluently   2) accidently   3) safely
3 1) daily   2) monthly   3) weekly
4) yearly   5) quarterly
4 1) Not only did we miss...
2) No sooner had I complained than...
3) Only when you become a parent will you understand...
5 1) It didn't disappoint him (that) he was not promoted.
2) It amazes us (that) he is still studying.
3) It bothers me (that) he's always late.
4) It disturbs his mother (that) Minsu doesn't do his homework.

03 │ 문장의 종류

1 1) (복문) Sumi is a businesswoman who works for a magazine.
(중문) Sumi is a businesswoman, and she works for a magazine.
2) (복문) Though her work is difficult, she's good at her job.
(중문) Her work is difficult, but she's good at her job.
3) (복문) She wants to keep it, so she works very hard.
(중문) She wants to keep it, and she works very hard.
2 1) 단문   2) 단문   3) 단문   4) 혼합문
5) 복문   6) 복문   7) 단문   8) 복문
9) 복문   10) 단문
3 1) I've done nothing all morning.
2) I have seen no one all day.
3) The child got dressed without any help from his mother.
4) I haven't been anywhere today.
5) I left home with no money in my pocket.
4 1) Coming   2) for

PART 3 품사론

01 | 명사

1 1) between July and October, the tourist season.

2) The July storm, the worst of the season,

3) Minsu, their only son,

2 1) has 2) were 3) require

> **cf.** 주어가 '양화사(수와 양을 나타내는 단어; all, most, some, half, part 등) + of + 명사'로 시작되면 'of' 뒤의 명사의 수에 동사의 수가 일치해야 한다.

3 1) licence 2) safety 3) make

4) horn 5) permit 6) skill

7) traffic 8) limit 9) route

10) curb 11) fault

4 1) shopping 2) a loud laugh

3) pork 4) cloth

5) very good weather

> **cf.** 셀 수 있는 명사는 관사를 붙이고 셀 수 없는 명사는 관사를 붙이지 않는다.

5 1) games 2) appliances

3) vegetables 4) percent

5) office supplies

> **cf.** 형용사로 사용되는 명사형은 항상 단수를 쓴다.

02 | 관사

1 1) a difficult task 2) a part-time job

3) enough space 4) a large dog

5) water and air 6) an opportunity

7) an honest mistake

2 1) a bath 2) a shower 3) time

4) a wash 5) the pleasures

3 1) for a while 2) the job

3) the housing market 4) a couple

5) The potent buyers

03 | 대명사 (Pronoun)

1 1) something 또는 anything

2) anything 3) anything

4) something

5) anything / something

2 1) our 2) their 3) her

3 1) studies 2) requires, have 3) are

4) has, its 5) their

4 1) ours → our 2) her → hers

3) me → mine 4) you → yours

5) her → hers

5 1) yourselves, 내가 없는 동안 너희들이 건설적으로 놀기 바란다.

2) yourself, 무리해서 지치지 않도록 주의해라.

3) themselves, 애가 오줌누는 것을 막을 수 없다.

4) yourself, 샤워를 하면 온몸이 젖는다.

5) herself, 그녀는 매우 우아하게 행동
했다.

6) yourself, 뜨거운 냄비에 데이지 않도
록 유의해라.

7) myself, 지난 밤 잘못된 행위에 대해
사과해야 한다고 느낀다.

8) herself, 그는 그의 아내가 같은 말을
되풀이하지 않기를 바란다.

6 해지기 전에 해야 할 중요한 일이 있었다.
상관이 다섯 명의 고용인에게 함께 하도록
시켰다. 모두가 누군가 할 것이라고 확신
하였다. 누구나 할 수 있었지만 아무도 하
지 않았다. 누군가가 모두가 해야 할 일을
안했기 때문에 화를 내었다. 모두가 누구
나 그 일을 할 수 있다고 생각했지만, 모
두가 하지 않을 것이라고는 아무도 생각하
지 못했다.

누구나 할 수 있는 일을 아무도 하지 않았
기 때문에 모두가 결국 누군가를 비난하게
되었다. 결국 모두가 해고되었으며, 함께
하지 않은 것을 모두가 후회하였다.

04 | 동사

1 1) is   2) were   3) uses

2 1) it white   2) whether this house is
3) if it's furnished

3 1) had decided   2) have experienced
3) had reached

4 1) a. risen   b. arise   c. raised

2) a. sown   b. sewed

3) a. hanged   b. hung

4) a. wound   b. wounded

5) a. sprang   b. spring

6) a. sunken   b. sank

7) a. woken up   b. awoke

5 1) squeeze   2) instructions   3) save
4) burnt   5) Beat   6) Try
7) gone bad   8) gone sour

6 1) wake up, get up
2) was dressed up   3) brought up
4) show up   5) held up
6) blew up

7 1) steer   2) check   3) bursts
4) wrecked   5) discharge   6) run
7) overhaul

05 | 조동사

1 1) might / may   2) could

2 1) I am used to jogging every morn-
ing.
2) She used to wash her car.
3) She is used to walking to work.

3 1) Children under the age of 18 aren't
allowed [permitted] to drive without
an adult in the car.
2) No civilians are not allowed [per-
mitted] to enter the naval base.
3) Years ago, women weren't allowed
[permitted] to serve in the military.

4 1) shouldn't have
2) may / might / could have
3) should / ought to have
5 1) doesn't it   2) will it   3) won't it
4) aren't they   5) were they
6) shall we

3) incredibly, incredible
4) well, good   5) extremely
3 (1) yet   (2) still   (3) already   (4) yet
(5) still   (6) already   (7) anymore
4 1) o'clock   2) still   3) after all
4) once   5) just now

06 | 형용사

1 1) strong tea   2) tough meat
3) a soft (quiet) voice   4) fresh water
5) a warm day   6) a closed door
7) a wrong answer   8) a low wall
2 1) noisy   2) oily   3) sunny   4) salty
5) snowy
3 1) less ⇒ fewer
2) few help ⇒ little help
3) amount ⇒ number
4 1) heavy   2) overtaking
3) stationary   4) clear
5 1) plump   2) ripe   3) processed
4) lean   5) plain   6) hot   7) past
8) full   9) duplicate

07 | 부사

1 1) was 뒤   2) are 뒤   3) crowded 앞
4) snow 앞 5) ask 앞   6) cook 앞
7) gives 앞
2 1) rapidly, rapid   2) bright(ly), bright

08 | 전치사

1 1) to   2) in   3) at
2 1) In spite of   2) even though
3) alike, in terms of
3 ① on   ② by   ③ in   ④ for   ⑤ to
⑥ without   ⑦ to

09 | 접속사

1 1) Neither Sumi nor Nami likes sushi.
2) Both Sumi and Nami are cadets.
3) We can pay our taxes either every
six months or once a year.
2 1) so   2) nor   3) yet   4) nor   5) yet
3 1) I'll choose tennis rather than golf.
2) The employer selected Sumi rath-
er than Nari.
3) The food was mild and tasteless
rather than flavorful.
4) If you're tired, stay home rather
than go out.
5) Mom put the new TV in the bed-

room rather than the family room.

4　1) It was such a difficult test that I
didn't make a high score.

2) She reads so many books that I'm
sure she's read this one.

3) The mechanic did such a good job
that now my car runs like new.

PART 4　문장론

01 │ 시제

1　1) will have become　2) is　3) takes
4) is landing　5) occurred

2　1) Sumi has been watching TV since
6:30.

2) Mr. Lee's students have been
studying since 9:00.

3) The boys have been exercising for
two hours.

02 │ 분사와 분사구문

2.1. 분사

1　1) playing　2) yachting　3) driving

2　1) unexpected　2) charming
3) corrected
4) requested, unobstructed

5) exhausted

3　1) putting　2) carrying　3) ringing

4　1) Did the captain briefing the men
seem confident?

2) Some of the items ordered on the
Internet are no longer available.

3) A young man, standing on one
foot, wears glasses, a tie, a long-
sleeved shirt, a dark belt, and light
pants.

2.2. 분사구문

1　1) Because[Since, As] he had worked
hard all his life, he decided to take
a long vacation.

2) After they (had) talked things
over, they agreed never to quarrel
again.

3) As they didn't care to accept wel-
fare assistance, they often went
without food.

2　1) Afraid of starting an argument, I
kept quiet.

2) Disappointed in the weather, we
packed our camping gear.

3) Lost in the fog, the hikers still man-
aged to reach their destination.

3　1) After finishing the briefing, Lt Lee
flew to Seoul.

2) When late, you must report to the
boss.

3) Before doing anything else, the airman must talk to the sergeant.

03 │ 부정사와 동명사

3.1. 부정사

1 1) paint   2) check   3) to email
   4) behave   5) to help
2 1) whether to go or stay
   2) where to go for flu shots
   3) where to withdraw my money
   4) when to take the cake out of the oven
   5) which bus to take?
3 1) This chair is too heavy (for me) to carry.
   2) Minsu leaves for work too early to eat breakfast.
   3) It's too late (for us) to call off the meeting now.
   4) The fog is too dense for the plane to take off.
   5) He worked too carefully to make that mistake.
4 1) That is the man (for us) to recruit for the job.
   2) Here is the novel (for you) to read someday.
   3) Her conduct is something (for us) to respect.
5 1) Insu drives cautiously enough to be called a safe driver.
   2) The noise is loud enough for me to hear in the other room.
   3) The water isn't deep enough to be dangerous.
6 (1) to help (부사적용법, 정도)
   (2) to help (부사적 용법, 목적)
   (3) to get (부사적용법, 목적)
   (4) scream (형용사적 용법, 목적보어)
   (5) to help out (부사적 용법, 정도 또는 결과)
   (6) to be lost (형용사적 용법, 보어)
   (7) not to help (형용사적 용법, 동격으로 설명의 기능)
   (8) not to help (명사적 용법, 목적어)

3.2. 동명사

1 1) Smoking (직접적 행위는 주로 동명사를 쓴다.)
   2) varying (직접적 행위는 주로 동명사를 쓴다.)
   3) erecting
2 1) having   2) to have   3) having
3 1) your coming to our house for dinner.
   2) Not studying everyday.
   3) to finish my homework every night.
   4) writing [to write] in a second language.
   5) spilling coffee on your new clothes.
4 (1) Finding   (2) asking   (3) to be
   (4) to be   (5) watching

(6) complaining   (7) to take

(8) sailing

04 | 수동태

1 1) started   2) were placed

3) opened   4) be trimmed

5) have been given away

2 1) get rescued

2) are getting repaired   3) get hired

3 1) The storm is expected to bring snow to the city.

2) Courtesy is always appreciated.

3) Everyone is expected to come to the meeting.

4) Portuguese is spoken in Brazil.

5) Checks more than $100 aren't cashed here.

4 1) The children were told to stay off the lawn.

2) The soldiers were required to adapt to their new environment.

3) The recruits were urged to evaluate their reasons for joining the army.

5 1) There were believed to be few experts on the disease.

2) The damage is reported to be extensive.

05 | 비교급

1 1) ① 2) ③ 3) ① 4) ① 5) ①

6) ② 7) ① 8) ③ 9) ① 10) ③

11) ③ 12) ② 13) ④ 14) ① 15) ④

2 1) the most angriest ⇒ the angriest

2) much more cloudier ⇒ much cloudier

3) more wide ⇒ wider

4) the most tall ⇒ the tallest

5) more strong and flavorful ⇒ stronger and more flavorful

06 | 관계사

6.1. 관계대명사

1 1) The man is a safe drive who keeps his mind on the road.

2) What's the number of the flight which goes to Beijing?

3) Diamonds are often found in rock formations called pipes that resemble the throats of extinct volcanoes.

4) There are thousands of kinds of bacteria, many of which are beneficial.

5) Jakarta, which is the capital of Indonesia, is one of the largest cities in Asia.

2 1) The assignment, which was due last week, took me four hours.

(계속적 용법; 과제에 대한 부차적인 설명, 관계절을 생략해도 숙제는 동일함)

2) Maui, which is one of the Hawaiian Islands, is quite beautiful.

(계속적 용법: 관계절이 수식하지 않아도 정해져 있음.)

3) I read a number of articles, most of which were very useful.

(계속적 용법: 읽은 것 중의 대부분으로 부차적인 설명이다.)

3 1) The umbrella with the small hole in it is mine.

2) Consumers with problems should have the sales receipts.

3) The stores at the department store stay open until 8:00 p.m.

4) Who is the tall man with the long beard?

5) Checks without a signature on them can't be cashed.

4 1) Whatever   2) whenever

3) Whichever day   4) however

5) whomever

6.2. 관계부사

1 1) when   2) when   3) where

4) why

2 What's the time at which she arrives?
What's the time which she arrives at?
What's the time that she arrives?
What's the time when she arrives?
What's the time she arrives?

07 | 가정법

1 1) if   2) if   3) unless   4) if

5) unless

2 1) I wish that I were at the beach.

2) I wish that I lived on a farm.

3) I wish that I wouldn't[didn't] go to work every day.

4) I wish that I got promotion this year.

3 1) (that) passengers check in 30 minutes before their flight.

2) (that) tourists avoid that area.

3) (that) you be on time this evening.

4) (that) we not create a new project.

5) (that) you not go out alone at night.

4 1) If Sumi didn't have a new job, she wouldn't be buying so many new clothes.

2) If Lt Kim didn't have a meeting with General Lee, he wouldn't be wearing his dress uniform.

3) If Insu were faster, he could be on the soccer team.

5 1) providing (that), provided (that)

2) in case, in the event (that)

3) Providing (that), Provided (that)

4) providing (that), provided (that)

5) In case, In the event (that)

6 1) Kisu will be able to pass the test if he studies hard.
 If he studies hard, Kisu will be able to pass the test.

2) Kisu isn't going to come to work today if he's sick.
 If he's sick, Kisu isn't going to come to work today.

3) Minsu wants to take the boat if the water's calm.
 If the water's calm, Minsu wants to take the boat.

3 1) that she had spent over 300 dollars at the tax-free shop.

2) if / whether she had visited Paris while she was in Europe.

3) how long they had driven on their trip.

4) that he hadn't eaten lunch today [that day].

5) that he had worked out at the gym for two hours yesterday [the day before].

4 1) are 2) need 3) has 4) is
 5) was

5 1) are 2) has 3) is 4) was
 5) know 6) seems 7) enjoy

08 | 화법과 일치

1 1) The salesman said that their jackets were sold all over the country.

2) The president of the company reported that they would increase sales by more than 30 percent.

3) The employee asked when they had another holiday.

2 1) Ms. Fry told [asked] Ken to make some coffee.

2) Mom told Tom to clean up his room right now.

3) Mom told Mike not to be late tonight.

삼위일체 기본 영문법

초판 1쇄 발행일 2016년 01월 08일

지은이 황기동
펴낸이 박영희
책임편집 노경란
디자인 박희경, 박서영
마케팅 임자연
인쇄 · 제본 AP프린팅
펴낸곳 도서출판 어문학사
　　　　서울특별시 도봉구 쌍문동 523-21 나너울 카운티 1층
　　　　대표전화: 02-998-0094/편집부1: 02-998-2267, 편집부2: 02-998-2269
　　　　홈페이지: www.amhbook.com
　　　　트위터: @with_amhbook
　　　　페이스북: https://www.facebook.com/amhbook
　　　　블로그: 네이버 http://blog.naver.com/amhbook
　　　　다음 http://blog.daum.net/amhbook
　　　　e-mail: am@amhbook.com
　　　　등록: 2004년 4월 6일 제7-276호

ISBN 978-89-6184-400-0 03740
정가 20,000원

이 도서의 국립중앙도서관 출판예정도서목록(CIP)은 e-CIP홈페이지(http://www.nl.go.kr/ecip)와
국가자료공동목록시스템(http://www.nl.go.kr/kolisnet)에서 이용하실 수 있습니다.
(CIP제어번호: CIP2015034985)

※잘못 만들어진 책은 교환해 드립니다.